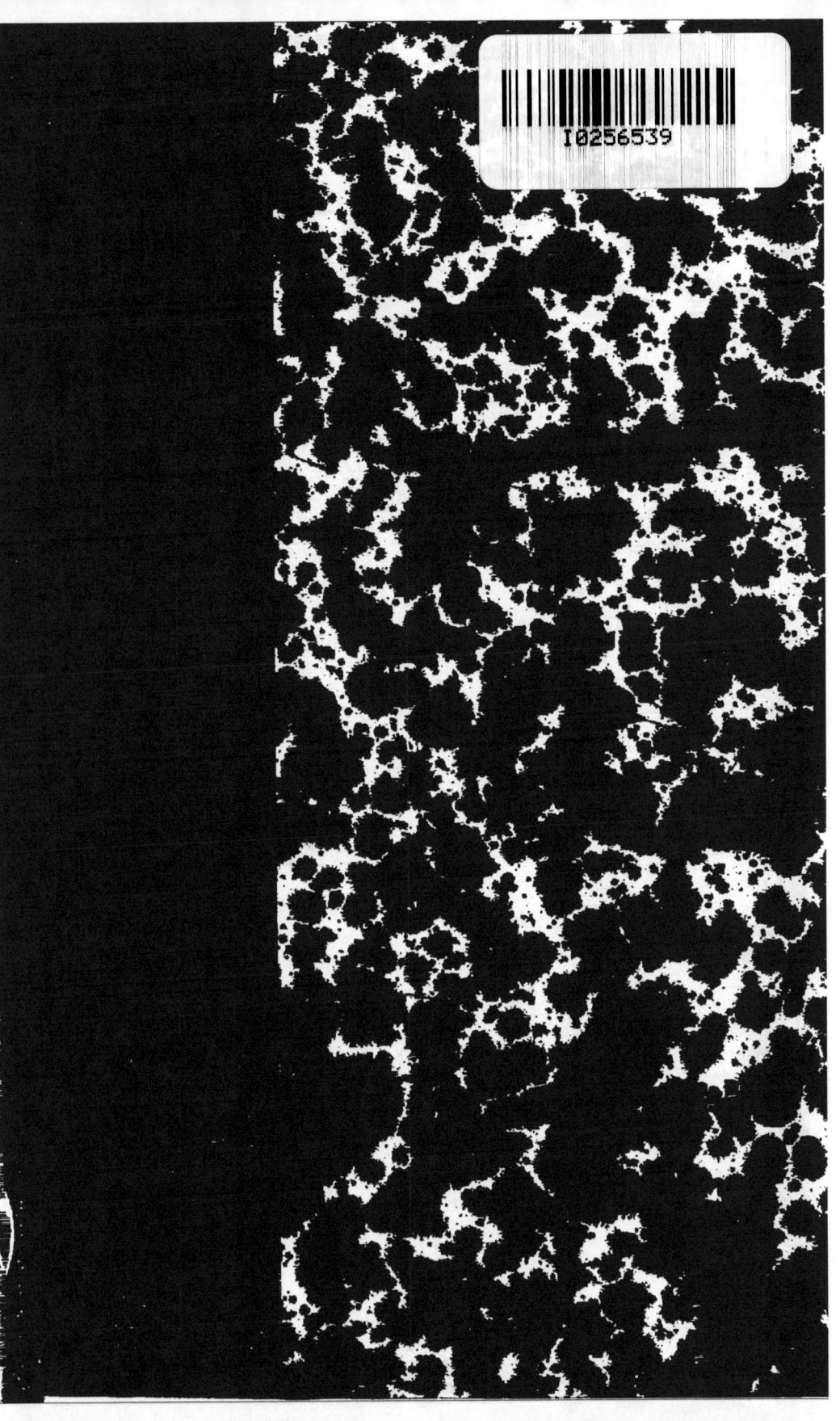

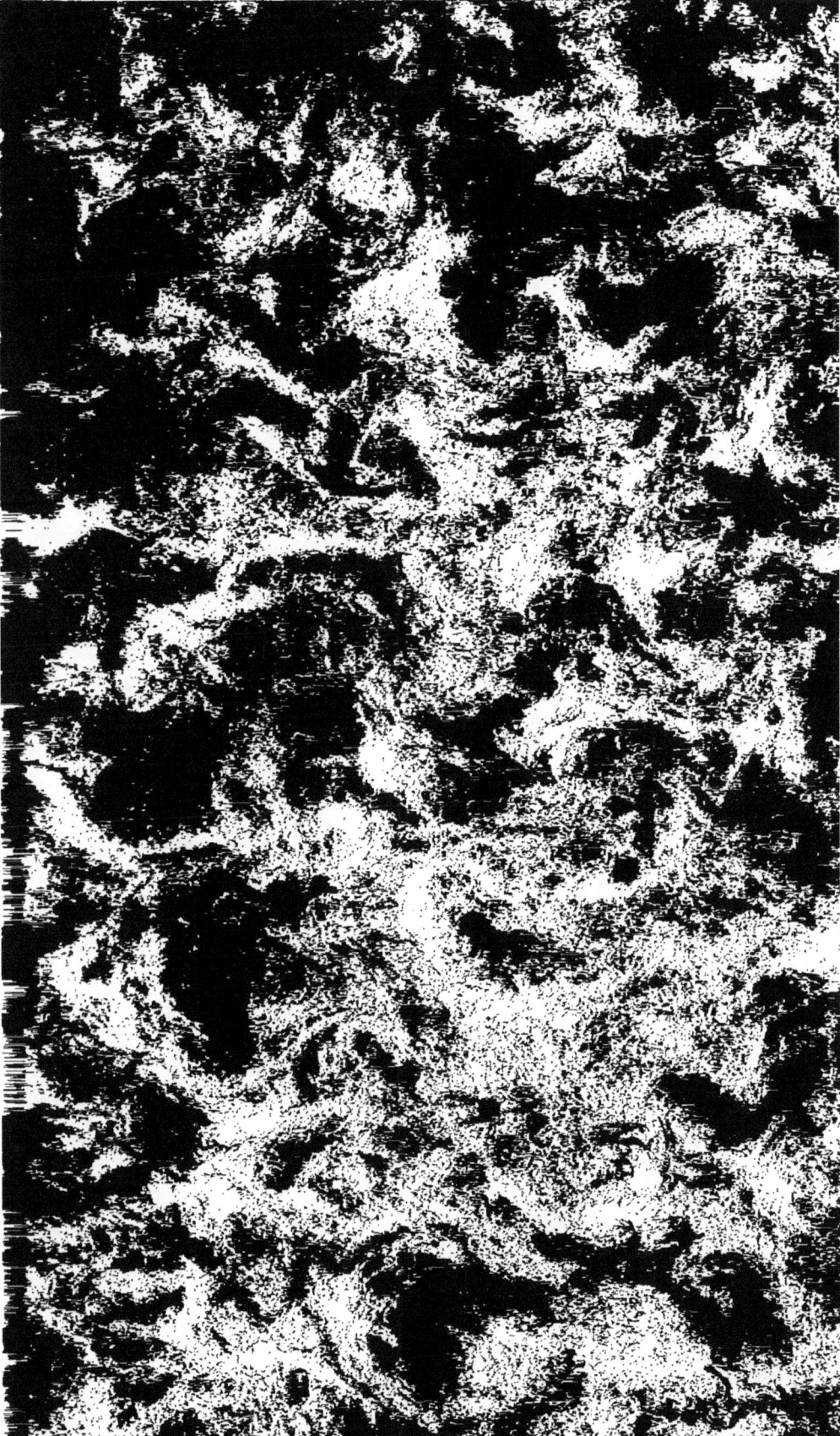

G. CAMPO
1965

VIE
DE
SAINTE ROSE
DE LIMA
VIERGE DU TIERS-ORDRE DE SAINT-DOMINIQUE

TRADUITE SUR LE TEXTE LATIN DU P. HANSEN

PRÊTRE RELIGIEUX DU MÊME ORDRE

PAR Mlle ÉVELINA DE TRESSAN

SE VEND
AU PROFIT D'UNE ÉGLISE DE CAMPAGNE

1866

CANNES

Par Montereau-faut-Yonne

(Seine-et-Marne)

DIOCÈSE
DE MEAUX

APPROBATION DE Mgr L'ÉVÊQUE DE MEAUX

AUGUSTE ALLOU, par la Miséricorde Divine et la Grâce du Saint-Siége Apostolique, Evêque de Meaux,

D'après le rapport qui nous a été présenté par M. Denis, chanoine de notre Cathédrale, sur la vie de *Sainte Rose de Lima*, cet ouvrage, traduction abrégée de la vie publiée a Rome à l'occasion de la béatification d'une sainte qui est considérée à juste titre comme la gloire du Pérou et de tout le nouveau monde, nous paraît très-propre à édifier les âmes pieuses et à les affermir dans les voies de la perfection.

Nous le recommandons d'autant plus volontiers aux fidèles, que le produit de la vente doit être consacré à la restauration d'une église de notre diocèse.

Meaux, 30 janvier 1865.

† AUGUSTE, Evêque de Meaux.

On lit dans le journal *Le Monde*, 3 avril 1867 :

« Je viens de lire la *Vie de Sainte Rose de Lima*, ouvrage traduit sur le texte latin du P. Hansen, par Mlle Evelina de Tressan. Certes, aujourd'hui, le vent n'est pas précisément du côté de ces lectures édifiantes, et un long roman plein de crimes et de sang, un roman bien émouvant et bien noir, aurait quelque chance de trouver un accueil plus favorable. Cependant, j'ai lu avec intérêt l'histoire de Sainte Rose. Ces vies des Saints ont un côté merveilleux et naïf qui plaît à l'imagination. On se demande si ces hommes simples, si ces jeunes vierges, si ces courageux martyrs ont appartenu à notre pauvre et débile humanité. Sainte Rose est la plus belle fleur de l'Amérique, et j'ai trouvé plaisir à respirer le parfum pieux qui s'exhale à chaque page de cette Vie miraculeuse.

« Si je recommande à mes lecteurs le livre de Mlle Evelina de Tressan, ce n'est pas seulement à cause des excellentes qualités de style que j'y ai remarquées. La *Vie de Sainte Rose* se vend au profit d'une pauvre église de campagne. M. le curé de Cannes est l'inventeur d'un nouveau système de voûtes qui peuvent rivaliser en grâce et en solidité avec les anciennes voûtes en pierres, et qui ont de plus, sur ces dernières, l'avantage d'une grande économie. Il voudrait doter d'une voûte de ce genre l'église de sa paroisse, et pour subvenir aux dépenses que ce travail nécessitera, il a fait appel à tous les sentiments généreux. L'offrande de Mlle de Tressan ne sera pas, il faut l'espérer, la moins méritoire, et beaucoup, voulant apporter leur pierre à l'œuvre qu'entreprend M. le curé de Cannes, achèteront ce livre et trouveront à le lire le même charme que moi.

L. DE V. »

Reproduit du *Journal de Provins* (Seine-et-Marne), du 26 octobre 1866.

APPROBATION DE Mgr L'ÉVÊQUE DE MEAUX

AUGUSTE ALLOU, par la Miséricorde Divine et la Grâce du Saint-Siège Apostolique, Évêque de Meaux.

D'après le rapport qui nous a été présenté par M. Denis, chanoine de notre Cathédrale, sur la vie de Sainte-Rose de Lima, cet ouvrage, traduction abrégée de la vie publiée à Rome à l'occasion de la béatification d'une sainte qui est considérée à juste titre comme la gloire du Pérou et de tout le nouveau monde, nous paraît très-propre à édifier les âmes pieuses et à les affermir dans les voies de la perfection.

Nous le recommandons d'autant plus volontiers aux fidèles que le produit de la vente doit être consacré à la restauration d'une église de notre diocèse.

Meaux, 30 janvier 1865.

† AUGUSTE, Évêque de Meaux.

On lit dans le journal *Le Monde*, 3 avril 1867 :

« Je viens de lire la *Vie de Sainte Rose de Lima*, ouvrage fait sur le texte latin du P. Hansen, par Mlle Évelina Tresan. Certes, aujourd'hui, le vent n'est pas précisément un de ces lectures édifiantes, et un long roman plein de cris et de sang, un roman bien émouvant et bien noir, aurait quelque chance de trouver un accueil plus favorable. Cependant, j'ai lu avec intérêt l'histoire de Sainte Rose. Ces vies de Saints ont un côté merveilleux et naïf qui plaît à l'imagination. On se demande si ces hommes simples, si ces jeunes vierges, si ces courageux martyrs ont appartenu à notre pauvre et débile humanité. Sainte Rose est la plus belle fleur de l'Amérique, et j'ai trouvé plaisir à respirer le parfum qui s'exhale à chaque page de cette Vie miraculeuse.

Si je recommande à mes lecteurs le livre de Mlle Évelina Tresan, ce n'est pas seulement à cause des excellentes qualités de style que j'y ai remarquées. La *Vie de Sainte Rose* est éditée au profit d'une pauvre église de campagne. M. le curé de Cannes est l'inventeur d'un nouveau système de voûtes qui sont légères en grâce et en solidité avec les anciennes voûtes en pierres, et qui ont de plus, sur ces dernières, l'avantage d'une grande économie. Il voudrait doter d'une voûte de ce genre l'église de sa paroisse, et pour subvenir aux dépenses que ce travail nécessitera, il a fait appel à tous les sentiments généreux. L'offrande de Mlle de Tresan ne sera pas la plus légère à accepter, la moins méritoire, et beaucoup, voulant apporter leur pierre à l'œuvre qu'entreprend M. le curé de Cannes, achèteront ce livre et trouveront à le lire le même charme que

L. DE V. »

(Extrait du Journal de Provins (Seine-et-Marne), du 20 octobre 1866).

39

VIE
DE
SAINTE ROSE DE LIMA

APPROBATION

DE Mgr L'ÉVÊQUE DE MEAUX

AUGUSTE ALLOU, par la Miséricorde Divine et la Grâce du Saint-Siége Apostolique, Évêque de Meaux,

D'après le rapport qui nous a été présenté par M. Denis, chanoine de notre Cathédrale, sur la vie de *Sainte Rose de Lima*, cet ouvrage, traduction abrégée de la vie publiée à Rome à l'occasion de la béatification d'une sainte qui est considérée à juste titre comme la gloire du Pérou et de tout le nouveau monde, nous paraît très-propre à édifier les âmes pieuses et à les affermir dans les voies de la perfection.

Nous le recommandons d'autant plus volontiers aux fidèles, que le produit de la vente doit être consacré à la restauration d'une église de notre diocèse.

Meaux, 30 janvier 1865.

† AUGUSTE, Évêque de Meaux.

VIE

DE

SAINTE ROSE

DE LIMA

VIERGE, DU TIERS-ORDRE DE SAINT-DOMINIQUE,

TRADUITE SUR LE TEXTE LATIN DU P. HANSEN

PRÊTRE-RELIGIEUX DU MÊME ORDRE

PAR Mlle ÉVÉLINA DE TRESSAN

SE VEND

AU PROFIT D'UNE ÉGLISE DE CAMPAGNE

1866

MEAUX. — IMPRIMERIE A. COCHÉT.

PRÉFACE

On a dit avec raison qu'un excellent moyen pour exciter la foi et ramener la charité parmi les chrétiens, était la lecture de la vie des Saints. Les instructions qui nous sont adressées, la méditation des grandes vérités, ne manquent pas sans doute de produire d'heureux effets dans les âmes ; mais il faut admettre en même temps que la considération des exemples de vertu, que la connaissance des actes de sainteté, ne contribuent pas moins à éclairer notre esprit et à fortifier notre cœur. Quel avantage n'y a-t-il pas à contempler le principe de la perfection chrétienne s'établissant dans un cœur vertueux, et grandissant, et s'y augmentant chaque jour, jusqu'à dominer la nature matérielle et s'élever à ces faveurs ineffables, à ces priviléges extraordinaires, dont le ciel ne gratifie que les chrétiens d'élite. Si Dieu manifeste dans les diverses créatures quelques traits de ses perfections, sa sainteté ne rayonne-t-elle pas d'un éclat plus vif dans les âmes qui semblent ne plus vivre que de la vie surnaturelle, tant elles sont pénétrées de l'élément divin ?... Et ne nous sentons-nous pas animés et échauffés pour ainsi dire du contact de ces héros du Christianisme, quand se révèle à nos yeux le spectacle de leurs actions généreuses et de leurs travaux persévérants ?... De plus, ces jouissances célestes dont Dieu leur accorde la récompense dès ici-bas, ne nous offrent-elles pas un puissant encouragement à supporter les traverses de cette vie et à entreprendre, dans la mesure de nos forces et suivant la vocation qui nous est propre, l'œuvre de notre sanctification ?...

Ce n'était pas sans un dessein particulier de la Providence que sainte Rose de Lima, nommée sainte Rose de Sainte-Marie, parut sur cette terre du nouveau monde, peu après l'établissement du Christianisme. Dieu voulait faire briller sur le berceau de cette Église d'Amérique, une fleur riche de pureté et d'innocence, une fleur dont l'éclat pût resplendir sur toutes les chrétientés naissantes et répandre le parfum durable de la sainteté de Jésus-Christ. N'avait-on pas vu dans les premiers siècles chrétiens d'autres merveilles de ce genre se produire à Rome, dans la personne de sainte Cécile, et dans celle de sainte Agnès ; en Sicile, dans celle de sainte Agathe ; à Carthage, dans celle de sainte Félicité ; en France, dans celle de sainte Foy et dans celle de sainte Blandine : Il est vrai que sainte Rose n'obtint pas la palme du martyre, comme les illustres saintes dont nous parlons : mais sa vie, à l'exemple de sainte Geneviève de Paris, et de sainte Catherine de Sienne, surtout qu'elle regardait sans cesse comme son modèle, ne fut-elle pas constamment une vie de mortification et de sacrifice ?... ne fut-elle pas un martyre de chaque jour ?... M. le vicomte de Bussières dont les lettres et la Religion déplorent la perte récente, dans son bel ouvrage : *le Pérou et sainte Rose de Lima,* cherche à se rendre compte du but que Dieu s'est proposé en donnant à la terre cette glorieuse sainte. Suivant le récit qu'il en expose, le Pérou avait été jusqu'à cette époque souillé par les pratiques de l'idolâtrie et par les désordres honteux qui en sont la suite. D'un autre côté les Espagnols, pour établir leur règne sur ces contrées, s'étaient livrés aux excès les plus cruels : il fallait donc expier les crimes des vainqueurs aussi bien que ceux des vaincus. « Rose, ajoute-« t-il, fut la victime pure et sainte qui expia « volontairement pour les uns et pour les autres, « et qui, par la puissance de sa charité, les réu-« nit dans un mutuel embrassement. Elle « vécut humble, cachée, et à peu près inconnue; « mais au moment de son décès, Dieu la cou-« ronna de gloire, et cette mort donna une « puissante impulsion à la conservation du pays « qui a vu naître la première sainte américaine. »

Le monde ne comprend en aucune façon le rôle des saints dans l'histoire. Il ne saurait l'expliquer qu'à l'aide du flambeau de la foi évangélique. Oui, nous devons le proclamer, les saints exercent une immense influence sur la marche des événements humains. Que les politiques, que les prétendus philosophes inventent des systèmes, ils ne peuvent jamais dévoiler que les causes secondaires des faits

Quant à leurs véritables causes, ils ne pourront jamais les saisir, car il faut remonter jusqu'à l'action mystérieuse du ciel. Les prières des saints, les humiliations qu'ils acceptent, les mortifications auxquelles ils se livrent, contribuent puissamment à apaiser un Dieu trop souvent irrité et à déjouer les complots des méchants. Les saints ne méritent pas seulement pour eux-mêmes ; mais il y a dans leurs bonnes œuvres une source de grâces et de bénédictions qui se répandent autour d'eux et qui profitent à toute l'Église. Cette influence secrète qui échappe aux regards du vulgaire irrite le démon, ce prince du monde qui ne cesse de la combattre. Voilà pourquoi les saints sont en butte à des tentations si violentes et pourquoi si souvent ils sont exposés au mépris et à la persécution. Ne nous étonnons donc pas de l'héroïcité de leur vertu, de la ferveur de leurs prières, et de la rigueur de leurs macérations. Ils sont nos médiateurs : ils remplissent la mission que Dieu leur a départie ; ils continuent cette vie de sacrifice que Jésus-Christ, le Chef des saints, a menée le premier dans le monde.

Sans doute aussi que la délicatesse de notre raison pourra regarder comme répréhensibles certains traits dans lesquels Dieu se communique aux saints d'une façon trop commune à notre jugement: la Divinité paraît se rabaisser. Mais gardons-nous de juger des effets de la grâce divine, dont les touches secrètes peuvent remuer de tant de manières les âmes saintes et agir si diversement sur elles. Ne savons-nous pas que cette grâce se répand de préférence dans les cœurs humbles?... que Dieu se plaît à se communiquer à celles qui sont humbles de cœur?...

Humilibus dat gratiam; cum simplicibus sermocinatio ejus.

En présence de ces faits merveilleux que l'Eglise a constatés authentiquement, aimons à adorer la bonté de Dieu et sa touchante miséricorde pour nous : remercions-le de ce qu'il envoie des saints sur la terre. Recourons sans cesse à leur médiation et proposons-nous de suivre leurs exemples autant que le permet notre faiblesse, en comptant sur le secours de Dieu pour parvenir à cette imitation.

L'ordre des Frères Prêcheurs avait reçu la

mission d'annoncer l'Evangile dans le royaume du Pérou, ce fut lui aussi qui eut le privilége de produire les prémices de la sainteté dans ce pays. Sainte Rose portait l'habit du tiers-ordre de Saint-Dominique. On peut voir un magnifique résumé de cette vie si pure et si extraordinaire dans la Bulle de canonisation.

Sainte Rose, morte en 1617, ne put être béatifiée qu'en 1668, sous le Pape Clément IX: on comprend la difficulté des procédures pour l'examen de la vie et des miracles d'une servante de Dieu qui avait vécu dans le nouveau monde, alors que les communications étaient si difficiles. Mais la canonisation ne se fit pas attendre. La congrégation des Rites put recueillir et approuver quatre nouveaux miracles qui venaient de s'opérer près de Naples et en Sicile. Aussi la Bulle de canonisation put-elle être promulguée le 12 avril 1671, première année du pontificat de Clément X.

NOTICE BIOGRAPHIQUE

SUR LE PÈRE L. HANSEN

Léonard Hansen, né à Juiliers, entra dans sa jeunesse au couvent des Dominicains de Cologne; il donna des leçons publiques de théologie à Vienne, en l'année 1638. Doué de brillantes qualités, et zélé pour la discipline régulière, il fut envoyé à Rome en qualité de définiteur général de son ordre pour la province d'Allemagne en 1644 et 1656. Le général des Dominicains, le Père Jean-Baptiste de Marinis, le nomma son assistant pour l'Allemagne, et peu d'années après lui conféra le titre de Provincial d'Angleterre. Sous les deux généraux suivants de l'ordre de Saint-Dominique, il fut maintenu dans les fonctions d'assistant. Distingué par sa grande érudition et en même temps par sa profonde humilité, le père Hansen aimait encore la retraite, et se livrait constamment à l'étude et à la prière. Il mourut en odeur de sainteté, le 28 du mois de mars 1685, âgé de 82 ans, et fut inhumé à Sainte Marie de la Minerve. La première édition de sa vie de sainte Rose parut à Rome en 1664, format in-12; la seconde, la même année, format in-4°, et la troisième, in-folio, en 1680. Une autre édition fut publiée à Louvain en 1668, par les soins du Père d'Aubermont, du même ordre de Saint-Dominique et docteur en théologie : c'est celle que les Pères Bollandistes ont insérée dans les *Acta Sanctorum*, tome vi du mois d'août. Un abrégé de cette vie fut composé en 1670, par l'évêque de Caracas, dans l'île de Vénézuela, et obtint de nombreuses éditions.

On connaît trois vies françaises de sainte Rose imprimées au xviime siècle : celle du Père Jean-André Faure, du Père Jean-Baptiste Feuillet, et du Père Jean-Baptiste Wouters. Il serait difficile de nos jours de se procurer l'un ou l'autre de ces ouvrages.

VIE
DE
SAINTE ROSE DE LIMA

CHAPITRE Ier.

NAISSANCE ET ENFANCE DE ROSE.

La sainte dont nous entreprenons d'esquisser la vie, en retraçant les hautes vertus dont il plut au Seigneur de la favoriser, naquit à Lima, ville capitale du Pérou, l'an 1586, au mois d'avril.

Par un singulier rapprochement, elle vit le jour à l'époque où les fleurs qui portent son nom apparaissent dans ces contrées lointaines, et fut plus tard leur vivante image par ses grâces et sa rare beauté.

Ses père et mère, Gaspard Florès et Marie de Oliva, tous deux issus de familles distinguées, étaient d'origine espagnole et péruvienne. La proximité de leur demeure et de l'église du Saint-Esprit semblait présager la sainteté future à laquelle Rose était appelée.

On rapporte que, par un privilége spécial, cette enfant bénie vint au monde sans causer nulle souffrance à sa mère.

Notre sainte reçut le baptême le jour de la Pentecôte, appelé Pâques des roses en Espagne et en Italie. Elle porta dès ce moment le nom d'Isabelle ; mais, à peine âgée de trois mois, Dieu fit connaître à sa mère, par une inspiration particulière, qu'elle devait se nommer Rose. On l'appela donc ainsi, malgré la répugnance de son aïeule Isabelle de Herrera, qui, à la fin de sa longue carrière, se voyait revivre avec bonheur dans cette enfant chérie.

Un jour que Rose reposait dans son berceau, les personnes qui l'entouraient s'aperçurent que son visage ressemblait parfaitement à une rose. Frappées de ce prodige, elles appelèrent sa mère qui partagea leur étonnement, et serrant avec transport sa fille entre ses bras, elle s'écria : « Tu t'appelleras Rose, et ne porteras jamais d'autre nom. » Ainsi que le rapporte S. Ambroise, un fait analogue se produisit à la naissance de S. Jean-Baptiste, dont le nom fut inspiré d'en haut à son père Zacharie.

Une nouvelle circonstance fit connaître à la famille de notre sainte la volonté de Dieu, alors que l'évêque, lui conférant le sacrement de confirmation à l'âge de cinq ans, et poussé sans doute par une inspiration divine, ne lui imposa que le seul nom de Rose.

Par la suite, il devint cependant pour elle un sujet de scrupule; et craignant qu'il n'y eût quelque vanité à porter un nom qui semblait être en lui-même le fragile emblème de la beauté passagère de ce monde, elle courut se jeter aux pieds de la sainte Vierge, la priant, baignée de larmes, de l'éclairer à ce sujet. Ce ne fut pas en vain que cette âme affligée implora le secours de Marie, puisqu'à cette douloureuse incertitude qui remplissait son cœur d'amertume, succédèrent la sécurité, le calme et la joie la plus pure.

Ainsi que le dit S. Ambroise, on a vu quelquefois dans la vie des saints, que plusieurs d'entre eux, favorisés d'une façon toute particulière, recevaient du Seigneur, dès leur berceau, le nom qu'ils devaient porter dans la suite; mais il paraît beaucoup plus rare qu'à ce même nom il soit ajouté un surnom, et c'est précisément cette dernière faveur qui fut accordée à notre sainte dans les circonstances que nous allons relater.

Un jour qu'elle revenait de l'église après avoir eu le bonheur de s'asseoir au banquet sacré, Rose exprima à sa mère le désir de porter à l'avenir le nom de Rose de Sainte-Marie. Cette demande parut extraordinaire à Marie de Oliva, qui hésitait à y acquiescer, lorsque Rose, toute remplie de la surabondance de grâces qu'elle venait de recevoir, s'écria :

« O ma mère, croyez-le bien; ce n'est pas de moi-
» même que je vous parle ainsi. Ce nom que je vous
» demande et que je désire, vient de m'être donné
» par l'Enfant-Jésus et sa sainte mère, il n'y a qu'un
» instant; alors que prosternée à leurs pieds, et ravie
» en leur présence, le Seigneur a daigné me faire
» connaître sa volonté. »

A ces paroles vraiment inspirées, et qui venaient plutôt du cœur que des lèvres de sa fille, Marie de Oliva se rendit enfin, et dès lors Rose porta le nom de Rose de Sainte-Marie.

CHAPITRE II.

CARACTÈRE DE ROSE; ELLE FAIT VŒU DE VIRGINITÉ.

Si dès la plus tendre enfance de S. Catherine de Sienne, sa douceur vraiment angélique fit remplacer son nom par celui d'Euphrosine, celle de Rose lui fut parfaitement semblable. Le charme de son caractère, et l'aimable sérénité répandue sur son front, lui gagnaient le cœur de tous ceux qui l'approchaient, et les portaient à l'imiter.

D'après le témoignage des serviteurs de la maison, jamais elle ne fit entendre les pleurs et les cris si ordinaires à l'enfance. Bien jeune encore, elle éprouvait déjà un éloignement prononcé pour un monde qu'elle voulait fuir avant même d'en pouvoir apprécier tous les dangers. A peine âgée de trois ans, elle montra une force d'âme remarquable : elle eut le pouce pris dans le couvercle d'un coffre qui se ferma brusquement. Sa mère accourut aussitôt à son secours, mais la jeune enfant dissimula sa douleur avec courage en cachant sa petite main; et ce ne fut que plusieurs jours après que la couleur noirâtre de son doigt fit connaître le fait. Le médecin ayant été appelé, déclara qu'il fallait arracher la racine de l'ongle. Rose soutint cette opération avec un courage étonnant, et sans proférer une seule plainte, tandis que ceux qui l'entouraient ne pouvaient retenir leurs larmes.

Un an après elle eut un mal d'oreille qui nécessita d'avoir de nouveau recours au scalpel. Cette fois encore sa force d'âme se montra avec la même énergie, et les traits de son visage n'en souffrirent pas la plus légère altération. Enfin, elle eut une plaie à la tête, et sa mère assez imprudente pour ajouter foi à un préjugé populaire et en dehors de la médecine, lui fit l'application d'un remède qui, au lieu d'adoucir ses douleurs, les augmenta tellement, que le corps si délicat de la jeune enfant en tressaillait involontairement. En proie à ces cruelles souffrances, jamais elle ne proféra une plainte, et si Marie de Oliva, dans sa sollicitude maternelle, la questionnait à cet égard, elle répondait simplement que ses douleurs étaient supportables. Les nuits lui apportaient encore un accroissement de souffrances, s'imposant alors un silence rigoureux, dans la crainte d'éveiller sa mère par ses gémissements. Un matin que cette dernière voulait se rendre compte de l'effet de la prescription dont nous venons de parler, elle s'aperçut de l'effrayant progrès du mal, et s'écria douloureusement : « Quelles horribles tortures as-tu donc éprouvées cette nuit sans te plaindre ! » Rose garda le silence, et par un oubli complet d'elle-même, s'abstint de réclamer le changement d'un traitement qui était à la fois et si contraire et si cruel. Le médecin, appelé de nouveau, admira encore le courage de cette douce petite créature, à laquelle, pendant six semaines, il fut obligé de faire subir des opérations douloureuses et quotidiennes, sans jamais rencontrer de sa part la moindre résistance.

Un jour que Rose jouait avec son frère aîné, celui-c ayant jeté de la boue sur sa belle chevelure, elle s'en offensa et quitta le jeu. « Prends garde, ma sœur, lui dit-il, ce trop grand amour de toi-même pourra te perdre. »

Ces paroles firent une telle impression sur Rose, et pénétrèrent si profondément dans son cœur, que dès lors elle ne s'attacha plus au soin de sa parure, et détesta non-seulement le péché, mais jusqu'à l'ombre du péché. Le cœur rempli d'amour et de crainte de Dieu, elle répétait sans cesse :

Que Jésus soit béni.

Que Jésus soit avec moi. Amen. Elle se sentit irrésistiblement entraînée à imiter toutes les vertus de sainte Catherine de Sienne, et s'appliqua à suivre son exemple. Elle fit donc vœu de virginité perpétuelle, et à l'insu de sa mère se coupa les cheveux, voulant rompre avec un monde qui ne lui inspirait que du mépris, pour s'attacher à jamais à Dieu, l'objet, l'unique objet de son amour.

Dans un âge encore tendre, le cœur de Rose était déjà tout au Seigneur. Touché par l'attrait de la grâce, il savait apprécier le prix de l'éternité. Plus tard Dieu la favorisa d'une façon toute particulière, et l'éclaira de ses lumières célestes sur le genre de vie qu'elle devait embrasser. Rose s'empressa de suivre les divines inspirations, et dépassa même les bornes ordinaires de la fragile nature humaine, puisque, d'après l'attestation des personnes les plus dignes de confiance, jamais elle ne commit une faute grave.

CHAPITRE III.

AMOUR, OBÉISSANCE, ET SOINS DE ROSE POUR SES PARENTS.

Rose s'attacha dès l'aurore de sa vie à obéir avec la plus scrupuleuse attention au premier et au quatrième commandement de Dieu. Ingénieuse à exprimer son amour à celui qui en était pour toujours l'objet, elle trouvait tout à la fois le secret et de suivre ce penchant irrésistible qui l'entraînait sans cesse vers l'Epoux céleste auquel son cœur était uni, et aussi de satisfaire à l'obéissance que l'autorité maternelle impose. Aux efforts naissants de notre sainte, la mère de Dieu souriait du haut du ciel, et son divin fils se plaisait à attirer chaque jour vers lui, par les sentiers cachés de la perfection, cette vierge choisie encore si petite par son jeune âge, et déjà si grande à ses yeux par les vertus qu'elle possédait.

Marie de Oliva, sa mère, n'était pas favorisée comme elle des lumières spirituelles, aussi le monde lui apparaissait-il sous un tout autre aspect. Ses plaisirs, ses vanités et ses pompes étaient sans dangers à ses yeux, et elle n'y voyait qu'une certaine bienséance à laquelle il était ridicule de se soustraire. Elle l'engageait donc souvent à s'occuper davantage de sa parure, et à prendre part aux joies et aux distractions; mais Rose, fidèle au vœu qu'elle avait fait de n'appartenir jamais qu'à Dieu, sut agir avec tant d'adresse et de douceur, qu'elle parvint à ne pas s'écarter de la voie que le Seigneur lui inspirait de suivre.

Un jour, qu'en présence de plusieurs dames de sa connaissance, Marie de Oliva invitait sa fille à se parer d'une couronne de fleurs, celle-ci fit d'abord quelque résistance ; puis s'apercevant que ses efforts seraient impuissants, et qu'elle ne pourrait fléchir sa mère, elle se détermina à lui obéir sans cependant désobéir à Dieu. Elle cacha une aiguille dans l'intérieur de la couronne, et la posa ensuite avec calme sur sa tête sans que personne se doutât de son cruel supplice. Par cet ingénieux stratagème, Rose se soumettait à l'autorité maternelle, et marchait couronnée d'épines à la suite de son divin époux. Cette action courageuse n'eût jamais été connue, si un jour la guirlande où était demeurée l'aiguille ne fût tombée dans les mains d'une personne qui dévoila et le secret et la souffrance de Rose.

Cette jeune enfant avait des mains charmantes ; sa mère, disons-le en passant, un peu vaniteuse de ce faible avantage, lui apporta un jour des gants qu'elle lui enjoignit de mettre chaque soir en se couchant. A cet ordre, le visage de Rose pâlit ; on eût pu croire que sa mère l'obligeait à mettre ses mains dans un brâsier ardent, et elle aurait désiré que la nuit ne vînt jamais. Ce moment redouté arriva, et la pauvre enfant obéit en tremblant ; elle fut bientôt éveillée par une horrible brûlure aux mains, et s'imaginant que c'était la punition de sa coupable désobéissance envers Dieu, elle rejeta ces gants dont l'usage lui avait été imposé, et les rapporta le lendemain à sa mère, à qui elle raconta naïvement toutes ses souffrances en lui demandant comme une grâce de ne point continuer son cruel supplice. Marie de Oliva frémit en voyant les traces de brûlures empreintes sur les mains de sa fille, et se promit de ne plus la soumettre à cette pénible épreuve.

Après avoir goûté quelque tranquillité, le temps des combats revint pour Rose. Sa mère exigea qu'elle eût une mise élégante ; qu'elle relevât ses cheveux avec grâce ; qu'elle portât des bijoux ; qu'elle mît du fard ; qu'elle dansât ; puis, elle lui ordonna de mettre sur sa tête un joli réseau d'or ; mais, voyant que l'innocente enfant ne se prêtait pas à ses désirs, et craignant que l'éloignement extrême qu'elle montrait pour le monde ne devînt un obstacle au riche et brillant établissement auquel l'appelaient sa position et ses agréments personnels, Marie de Oliva, disons-nous, l'accabla d'injures en la frappant et l'accusant d'hypocrisie. Rose, consternée, profita d'un moment de calme pour aller ouvrir son cœur au guide de sa conscience, et lui fit connaître tous ses sujets d'alarmes. Le prudent ministre de Dieu, sans faire part à Rose de sa démarche, se rendit chez sa mère, et parla à cette dernière avec tant de force et de persuasion, qu'il parvint à lui faire comprendre combien elle serait coupable de persécuter ainsi une âme privilégiée dès son enfance de la manière la plus singulière par le Saint-Esprit.

Les paroles bénies du saint Prêtre firent une impression profonde sur le cœur de Marie de Oliva, qui prit une fois encore la résolution de ne plus tourmenter sa fille à l'avenir.

Sans connaître le motif du calme dont elle jouissait depuis quelque temps, Rose profita de l'heureuse disposition de sa mère et en obtint, à force de caresses et de supplications, une grande faveur à ses propres yeux ; elle obtint la permission de quitter les riches et brillantes livrées du monde pour revêtir des habits dont la simplicité fût plus en harmonie avec les sentiments de son cœur. Elle demeura modestement cachée jusqu'à l'âge de vingt ans ; et, à cette époque, prit avec bonheur la robe blanche des Dominicaines. Lors donc qu'elle eut ainsi brisé avec le monde et ses vanités, il lui parut facile d'obéir à ses parents dans toutes les autres circonstances de la vie.

Sa famille ayant habité pendant quelque temps un lieu malsain et humide, il survint à Rose des plaies aux pieds et aux mains. Sa mère se laissa persuader encore de faire usage d'un remède qu'on lui conseilla, et qui produisit le plus cruel effet.

Lorsque plusieurs jours après elle put constater les progrès effrayants du mal, Marie de Oliva en fut navrée de douleur ; et, pénétrée en même temps d'admiration pour le courage de sa malheureuse enfant, elle s'écria : « Est-ce donc ainsi, ma fille, que vous avez « passé quatre jours et quatre nuits dans les plus « vives souffrances sans vous plaindre ?... »

La douce Rose répondit : « Ne m'aviez-vous pas « défendu de cesser l'application de ce remède ? J'ai « obéi. »

Un jour que Rose, très-experte à broder avec de la soie, s'occupait à ce genre d'ouvrage, sa mère, novice dans cet art, lui conseilla une chose tout-à-fait contraire aux règles de la broderie. Elle obéit par humilité ; mais Marie de Oliva ayant considéré de nouveau l'ouvrage, lui dit : « Vous rêviez donc, ma fille, « lorsque vous avez travaillé ainsi ? » « Je savais bien, « dit Rose, l'effet que cela devait produire ; mais j'ai « voulu vous obéir. Si maintenant vous exigez que je « le défasse, je suis prête à vous obéir encore ! »

L'obéissance était si chère à Rose qu'elle voulait que tous les objets qui lui appartenaient, son fuseau, son aiguille, y fussent soumis ; et, avant de se servir de ces petits instruments de travail, elle en demandait la permission à sa mère, qui, fatiguée et irritée de cette excessive dépendance, l'en reprenait quelquefois avec vivacité. Alors, elle répondait que cette vertu avait tant de prix à ses yeux, qu'elle préférait en pousser l'observance jusqu'à l'extrême, plutôt que d'y manquer en la moindre chose.

Trois ans avant sa mort, et d'après les ordres de ses parents, Rose alla habiter chez une noble dame nommée Marie Uzategui, femme de Gonzalve de la Massa, trésorier du roi ; les occasions de pratiquer l'obéissance se multiplièrent à l'infini pour l'humble servante de Dieu dans cette nouvelle demeure. Non-seulement elle se soumettait aux moindres ordres de Gonzalve et de sa femme, mais elle se plaisait à aller au-devant des désirs de leurs enfants, et dans son admirable humilité, obéissait même aux derniers serviteurs de la maison.

L'attrait de Rose pour cette vertu se fit même remarquer après sa mort. Une pièce d'argenterie égarée dans un couvent se retrouva par son intercession et au nom de la sainte obéissance due à la supérieure.

D'après tout ce qui précède, on peut se faire une

juste idée de la scrupuleuse attention avec laquelle Rose obéissait à ses guides spirituels. En prenant l'habit des Dominicaines, elle avait fait vœu d'être entièrement soumise aux prescriptions de l'ordre, et jamais elle n'y manqua.

L'abondance des larmes que Rose répandait pendant son oraison, et les heures qu'elle y passait prosternée devant Dieu, finirent à la longue par compromettre sa santé ; mais sa persistance dans ce saint exercice n'en continua pas moins avec la même assiduité, sans que les sages avis de ceux qui l'entouraient y apportassent le moindre changement. On fut donc obligé d'en instruire son confesseur, qui lui enjoignit de se modérer un peu, et de donner chaque nuit quatre heures au sommeil.

Rose se soumit sans murmure ; mais l'habitude qu'elle avait contractée lui rendit difficile l'exécution de cet ordre, ce qui devint cependant plus tard un sujet de trouble pour elle, dans la crainte où elle était de ne pas accomplir avec la plus exacte ponctualité les prescriptions de son confesseur.

Elle était aimée de tous les serviteurs de la maison ; et ceux-ci voyant qu'elle était sourde à leur voix lorsqu'ils l'engageaient à se ménager un peu, feignirent d'avoir été chargés par le guide de sa conscience de lui transmettre de prudents avis à ce sujet. Ce stratagème réussit pendant un certain temps, et Rose, la douce Rose, obéissait aussitôt.

Sa mortification était si grande, qu'elle passait quelquefois plusieurs jours sans boire. Sa mère s'aperçut enfin de ce pénible sacrifice, et alors, non-seulement Rose ne buvait qu'après en avoir reçu l'ordre, mais elle la suppliait souvent encore de ne pas l'y contraindre.

Son amour pour ses parents était sans borne, et rien n'égala son zèle à les secourir par le travail de ses mains, alors que leur position venant à changer, ils se trouvaient dans un état voisin de la misère. Quel respect, quelle déférence, quelle affection dans les soins qu'elle leur prodiguait quand ils étaient malades ; quel empressement à prévenir leurs moindres désirs, à adoucir leurs peines, et à faire rentrer dans leurs cœurs le calme et la paix.

Gonzalve et sa femme, qui savaient combien Rose était faible de santé, s'efforçaient en vain de l'engager à prendre un peu de repos ; mais son attrait pour la mortification l'empêchait de se rendre à leurs sages conseils.

Au milieu de tant d'exercices de piété qui se prolongeaient jusque bien avant dans la nuit, souvent éprouvée par diverses maladies, et favorisée avec abondance de ravissements célestes, Rose faisait plus de choses en un seul jour qu'une autre personne en un laps de temps beaucoup plus long, et chacune de ses actions était accomplie avec une exacte perfection.

Elle cultivait des violettes dans le petit jardin de ses parents, et en faisait des bouquets qu'elle envoyait vendre pour subvenir à leurs besoins. Un religieux lui ayant demandé comment avec un si petit moyen elle pouvait parvenir à un semblable résultat, elle lui répondit ingénument : « Ces fleurs sont bien petites, « il est vrai, mais dans sa bonté infinie Dieu bénit « mon intention. »

La piété filiale de Rose brillait dans tout son éclat

lorsque ses père et mère étaient visités par la maladie ; elle abandonnait tout alors pour leur donner ses soins et préparait de ses propres mains les médicaments prescrits. Assise au chevet de leur lit, elle les veillait jour et nuit, incessamment occupée à prévenir leurs désirs, et à alléger leurs moindres souffrances ; mais, tout en accomplissant ce devoir sacré, son âme était continuellement unie à Dieu, et sa prière n'éprouvait aucune interruption.

Lors de sa dernière maladie, et sur le point d'expirer, la tendre sollicitude de Rose se fit encore remarquer. Dans ce moment suprême, et en proie au dernier combat entre la vie et la mort, elle jeta un regard sur sa mère, oubliant ses propres angoisses, pour compatir à l'affliction de celle qui lui avait donné le jour, et demanda à Dieu de lui accorder la force dont elle avait besoin. La prière d'une fille mourante fut entendue au ciel ; et le courage de Marie de Oliva s'accrut tellement, qu'après avoir perdu cette fille bien-aimée, elle ne voulut jamais quitter son lit funèbre, quelques efforts qu'on fît pour l'engager à s'éloigner d'un si douloureux spectacle pour le cœur d'une mère. Elle pleurait, mais ses larmes étaient douces.

CHAPITRE IV.

ROSE, PRESSÉE DE SUIVRE L'EXEMPLE DE SAINTE CATHERINE DE SIENNE, ENTRE DANS LE TIERS-ORDRE DES DOMINICAINES.

Elles sont innombrables les voies diverses par lesquelles la divine Providence attire les âmes choisies au plus haut point de la perfection.

La sainte Vierge voulut y conduire Rose, en la faisant marcher sur les traces de sainte Catherine de Sienne, malgré les vains efforts de la prudence du siècle pour l'engager dans ses sentiers dangereux. Parmi les obstacles qui vinrent entraver les pieux désirs de notre sainte, nous remarquons avec regret que les plus persévérants et les plus difficiles à surmonter furent opposés par sa mère.

Marie de Oliva commençait à songer à l'établissement de sa fille, et tout semblait favoriser ses espérances : la beauté et les agréments personnels de Rose, sa raison prématurée, la douceur angélique de son caractère et les grâces de son esprit. L'innocente Rose croyait au contraire que le moment était venu pour elle de mettre à exécution le dessein si cher à son cœur de se donner à Dieu pour toujours. Comme nous l'avons dit plus haut, à l'exemple de sainte Catherine de Sienne, elle s'était coupé les cheveux ; elle cachait avec soin l'élégance de sa taille sous des habits grosgiers ; fuyait le monde et ses plaisirs, et pratiquait les jeûnes les plus rigoureux. Malgré tous ses efforts pour vivre dans l'oubli, sa réputation de vertu et de sainteté se répandit dans la ville de Lima, et y excita l'admiration générale.

Une dame de distinction, et possédant une grande fortune, conçut l'espoir de l'unir à son fils. Elle en fit donc la demande aux parents de Rose, qui l'accueillirent avec d'autant plus d'empressement, qu'ils étaient alors bien déchus de la position aisée dont ils avaient joui dans le passé et entourés d'une nombreuse famille. Il ne manquait plus que le consentement de Rose; mais celle-ci, fidèle au vœu qu'elle avait fait de n'être jamais qu'à Dieu, répondit négativement à sa mère, et lui apprit enfin les dispositions de son cœur. Ce fut alors qu'elle eut à soutenir des combats terribles. Malgré les reproches les plus amers et les plus injurieux, cette intéressante créature, faible et sans défense, conserva le calme le plus admirable. Cette fois encore elle retraça l'image de sa bien-aimée maîtresse sainte Catherine de Sienne, qui, dans une circonstance analogue, avait souffert de bien cruels outrages, et se montra avec fermeté sa digne imitatrice.

Que de larmes ne versa-t-elle pas à la vue des difficultés nombreuses qui s'opposaient sans cesse à son entrée aux Dominicaines !... Aucun ordre n'avait autant d'attraits pour son cœur. Celle qui était son modèle en avait fait partie, et elle se croyait appelée à l'imiter en tout.

Un couvent de sainte Claire venait de s'établir à Lima par les soins de Dona Maria de Quinones, nièce de Turibio Alphonse Montgrovéjo, alors archevêque de cette ville, et dont la réputation de sainteté s'étendait au loin. Les religieuses de ce monastère ayant fait exprimer à Rose le désir de la posséder dans leur ordre, celle-ci alla se jeter aux pieds de son confesseur, après toutefois avoir demandé à Dieu de l'éclairer sur ce qu'elle avait à faire. Elle n'éprouvait pas d'éloignement pour cet ordre, dont la clôture et les austérités étaient selon son cœur, et s'y serait même vue avec joie à l'abri d'un monde frivole.

Marie de Oliva, d'autre part, soit par déférence pour le saint archevêque de Lima, ou peut-être aussi en considération de ce que sa fille, dépourvue de fortune, échapperait dans ce saint asile aux atteintes de la misère, Marie de Oliva, disons-nous, consentit d'abord à tout; mais bientôt elle fit surgir de nouvelles difficultés.

Elle allégua l'état de langueur de la grand'mère de Rose, dont l'âge avancé réclamait tous ses soins; puis elle fit valoir que sa fille, par son activité et son travail, subvenait aux besoins de ses parents qui, privés de son secours, tomberaient dans le plus complet dénûment.

Les personnes qui vivaient dans l'intimité de Rose, et plus particulièrement encore ses guides spirituels, l'engageaient à entrer dans un ordre où elle pût donner un libre essor à sa ferveur. Ils la trouvaient faite pour le cloître, considérant et son amour pour les biens célestes et la solitude, et son zèle admirable dans l'accomplissement de ses exercices de piété; et enfin son ardeur et sa persévérance dans la pratique de la mortification.

Rose, avec le consentement de sa famille, et après s'être confiée en Dieu, obtint, par l'entremise de son frère, son admission au couvent de l'Incarnation, qui suivait la règle de S. Augustin. Elle y était vivement désirée, et bien digne de croître dans ce pieux asile parmi les lis, au milieu de celles qui y donnaient l'exemple de la sainteté et de toutes les vertus.

Le dimanche suivant elle partit accompagnée de son frère pour s'y rendre. Chemin faisant, elle désira s'arrêter un instant à l'église Saint-Dominique, pour demander à la très-sainte Vierge, qui y était particulièrement honorée sous le nom de N.-D. du Rosaire, de bénir son entrée au couvent de l'Incarnation ; mais à peine se fut-elle agenouillée devant cet autel de la mère de Dieu, qu'elle s'y sentit irrésistiblement retenue par une force surnaturelle qu'il lui fut impossible de surmonter. Elle comprit ce mystère impénétrable pour tout autre, et vit clairement que telles n'étaient pas les vues de Dieu qu'elle entrât dans ce monastère, et que les traces de sainte Catherine de Sienne étaient les seules qu'elle devait s'attacher à suivre. Toujours immobile, et tournée vers l'image de la sainte Vierge, Rose lui adressa ces paroles :

« Je vous promets, ô Vierge sainte, de retourner
» dans la maison paternelle et d'y demeurer jusqu'à
» ce que vous m'ayez fait connaître le couvent dans
» lequel je dois entrer. » Aussitôt cette main invisible qui retenait notre sainte fortement attachée devant l'autel disparut, et elle put se relever sans le secours de son frère.

Dans le temps où Rose encore indécise, se demandait sans cesse sous quel habit elle devait se consacrer à Dieu, elle fut subitement frappée, et en même temps éclairée par une de ces circonstances qui eût peut-être semblé puérile à d'autres, et que voici :

On sait que le Pérou, si riche en mines d'or et d'argent, possède encore des oiseaux et des papillons émaillés des plus éclatantes couleurs, et qui, rivalisant entre eux de beauté, excitent l'admiration générale. Il arriva donc que Rose, attentive à considérer l'image de sainte Catherine de Sienne, et fixant ses regards sur la couleur blanche et noire de son habit, fut subitement distraite de ses réflexions par un papillon exclusivement paré de ces deux mêmes couleurs, qui s'approcha d'elle, et voltigea autour de sa personne pendant assez longtemps ; non pas comme par hasard, mais avec une suite et une persistance telles, que notre sainte en fut vivement frappée. A l'instant ses doutes s'évanouirent ; il lui parut clair que ce fait si petit en lui-même, était un enseignement, et qu'elle devait sans hésiter revêtir la livrée du tiers-ordre des Dominicaines.

Bientôt elle reçut ce saint habit qu'avait porté sa chère maîtresse sainte Catherine de Sienne des mains du Père Velasquez, son confesseur, délégué en cette circonstance par le Père provincial ; et cette sainte cérémonie eut lieu à l'autel du Rosaire, où déjà elle avait été l'objet de tant de grâces. Cette faveur fut accordée à Rose l'an 1606, le jour de la fête de saint Laurent ; et cet admirable martyr lui fit partager ses ardeurs célestes dans ce moment de consécration à Dieu. Comme lui, le divin amour remplissait son âme ; et comme lui aussi, son cœur était inondé des joies et des lumières les plus pures.

Lorsque Rose entendit lire pour la première fois la vie de sainte Catherine de Sienne, elle en éprouva la plus vive impression ; il lui sembla que chaque phrase lui était particulièrement adressée. Instantanément portée à imiter cette admirable sainte, elle s'attacha à conformer toutes ses pensées, toutes ses paroles, toutes ses actions à celle de son modèle, dont elle devint plus tard la parfaite image.

Le terme des épreuves n'était point arrivé pour Rose, et sa vie en fut semée de la façon la plus cruelle. La prudence humaine ne manqua pas de raisons à alléguer pour mettre des entraves à son entrée aux Dominicaines.

Gonzalve, dont la droiture et la vertu étaient irréprochables, avait un grand empire sur elle. Il lui fit part un jour de son intime conviction que l'ordre des Carmélites réformées lui convenait plus que tout autre, attendu qu'elle pourrait s'y livrer à son amour pour la contemplation, et y donner un libre cours aux élans de sa ferveur. Il alla même jusqu'à offrir à Rose de briser les obstacles que le manque de fortune mettait à son admission dans ce monastère, et fit ainsi que plusieurs autres personnes de mérite tous ses efforts pour la convaincre.

Bien que notre sainte eût une connaissance fort claire de sa vocation, elle craignit cependant de repousser des appréciations expérimentées; et très-persuadée que Dieu ne permettrait pas qu'elle suivît une voie différente de celle de sa séraphique maîtresse, elle consentit à ce que l'on consultât à ce sujet quatre des théologiens les plus remarquables de l'ordre de S. Dominique. La suite de ces investigations répondit à l'attente de Rose, et les examinateurs furent unanimes à confirmer son opinion. Le cœur plein de joie elle leur dit alors : « Je n'écoute en rien le penchant de

» ma propre nature, mais seulement l'inspiration
» divine. L'Esprit souffle où il veut, et ce choix vient
» uniquement de Dieu. Je désire donc, selon sa sainte
» volonté, vivre et mourir sous la même règle que
» sainte Catherine de Sienne, mon modèle et ma maî-
» tresse ; un jour viendra qu'un monastère de cet
» ordre sera établi à Lima. »

Tous les obstacles avaient donc disparu ; le calme cependant ne régnait pas encore dans le cœur de Rose. Les scrupules qui s'étaient emparés d'elle en faisaient un objet digne de compassion. Par un excès d'humilité elle se figurait que toutes dispositions lui manquaient pour porter le voile blanc de sainte Catherine, qu'elle en était indigne, et que ce saint habit, symbole de la religion et de la vertu pour cette grande sainte, n'était dans sa propre personne que le masque trompeur d'une sainteté usurpée.

Un autre genre de peine contristait le cœur de Rose. La blancheur et la singularité de l'habit des Dominicaines qu'elle portait lui attiraient les regards et l'admiration générale. Dès qu'elle paraissait quelque part, tous les yeux se tournaient vers elle et un concert de louanges se faisait entendre. Plus elle se voyait applaudie par les hommes, plus aussi elle se croyait désagréable à Dieu, et cette pensée faisait son malheur. Elle courut donc le cœur navré à l'autel de N.-D. du Rosaire où elle avait reçu son habit, et là, prosternée aux pieds de la mère de Dieu et inondée de larmes, elle la pria de la délivrer de toutes les angoisses qui remplissaient son âme d'amertume. Plusieurs sœurs du tiers-ordre étaient en prières à cette même chapelle. Elles virent Rose immobile, et comme ravie en extase devant la reine du ciel. Son visage angélique, environné d'une lumière éclatante, leur fit comprendre que cette âme choisie avait dans ce moment avec Dieu des communications extraordinaires. Tandis qu'elles contemplaient ce prodigieux effet de sa bonté et de la sainteté de sa servante, Rose, quittant pour ainsi dire cette région céleste où elle avait habité un instant avec les anges, leur parla en ces termes : « O mes sœurs, que de louanges et de bénédictions » ne devons-nous pas rendre à Dieu qui, par les liens » d'une charité commune, nous réunit dans une » même société. »

Ces paroles, dont les sœurs comprirent le sens caché, était un cri de reconnaissance échappé du cœur de Rose, qui, après l'épreuve, goûtait le calme et la joie.

Dès lors, elle porta sans trouble le saint habit de sa maîtresse sainte Catherine de Sienne, dont elle retraçait si parfaitement l'image par l'éclat des plus éminentes vertus. Comme nous l'avons dit déjà, Rose s'attachait à l'imiter dans toutes ses actions ; et cette application continuelle à copier le modèle qu'elle s'était choisi donna à sa personne et aux traits même de son visage une ressemblance vraiment frappante avec le portrait de celle qu'elle voulait suivre jusqu'à son dernier soupir.

CHAPITRE V.

ROSE PRATIQUE TOUTES LES VERTUS BASÉES SUR LES
FONDEMENTS DE L'HUMILITÉ.

L'humilité de Rose était si grande, qu'elle excitait l'admiration de tous ceux qui l'approchaient. Intimement persuadée qu'elle était la plus indigne de toutes les créatures, elle se plaisait dans les offices les plus bas et les plus repoussants. Cette âme si avancée dans les voies du Seigneur, et pour ainsi dire plus au ciel que sur la terre, cherchait tous les moyens de s'anéantir elle-même, afin de se rendre plus digne de celui qui possédait pour toujours son cœur. Qui le croirait? par un esprit d'humilité et d'abnégation poussé à l'extrême, elle demanda comme une grâce à l'une des servantes de la maison, nommée Marianne, de lui faire subir les plus dures humiliations. Si Rose recevait de la part de sa mère ou de ses frères, quelques légères réprimandes, elle se plaisait à faire ressortir ses torts, et se reconnaissait mille fois plus coupable, en disant qu'elle ne pouvait être assez punie. Sa santé, naturellement très-délicate, était encore souvent éprouvée par des maladies. Tant que ses douleurs étaient supportables, elle les tenait soigneusement cachées, dans la crainte qu'on y apportât remède. Et si au contraire le mal, par sa violence, la contraignait à se plaindre, elle disait ingénument que l'on pou-

vait juger de sa culpabilité devant Dieu par les souffrances qu'il lui envoyait dans sa juste colère, comme le châtiment de ses fautes innombrables. C'est ainsi qu'elle se jugeait elle-même, et qu'elle voulait que les autres la jugeassent. Toujours humble, elle répétait sans cesse : « Je ne comprends pas que Dieu, dans
» sa justice infinie, n'ait pas déjà plongé le monde en-
» tier dans l'abîme à cause de mes péchés, qui par
» par leur grandeur et leur multitude méritent l'en-
» fer et toutes ses horreurs. Je suis la plus vile et la
» plus détestable de toutes les créatures, indigne de
» respirer et d'être éclairée par le jour. Je devrais
» laver mes fautes dans un océan de larmes. »

Si quelque malheur arrivait dans sa famille ou au dehors, Rose s'en croyait seule la cause, et s'attristait de ce que ceux qui vivaient autour d'elle ne partageaient pas son opinion à cet égard.

Si, pour repousser le blâme injuste qu'elle se plaisait à faire rejaillir sur elle-même, ces personnes exaltaient le trésor de vertus et de perfections que renfermaient son cœur, la pâleur subite de son visage témoignait du chagrin qu'elle en ressentait.

Un jour que, d'une pièce voisine, elle entendit l'entretien de Gonzalve et d'un chanoine de ses amis, dans lequel l'un et l'autre donnaient à l'envi des éloges à l'admirable pureté de sa vie, aussitôt pénétrée de douleur et de crainte, Rose se retira précipitamment dans la chambre de la fille du même Gonzalve, et y répandit un torrent de larmes en se frappant la poitrine.

Etant tombée malade à la suite des austérités de tous genres qu'elle pratiquait jour et nuit, on crut devoir en instruire son directeur, le Père Vélasquez, et ce ne fut qu'avec infiniment de peine que celui-ci obtint qu'elle apporterait à l'avenir quelques modifications aux traitements cruels qu'elle infligeait à son corps si délicat.

Rose, si sainte et si pure, semblait être aux pieds de son confesseur une de ces âmes coupables qui, après bien des égarements, cherche à fléchir la justice de Dieu. Elle se reprochait sans cesse les fautes les plus légères, et les pleurait comme de véritables crimes.

Les exemples d'obéissance qu'elle donna à la fin de sa vie sont innombrables, et l'un des derniers fut celui que nous allons rapporter :

Peu d'instants avant d'expirer, ayant témoigné de la répugnance à prendre une boisson que le médecin avait prescrite pour ranimer ses forces, on crut devoir en informer Gonzalve, qui lui enjoignit d'obéir. Cette douce créature se soumit en disant à la personne qui lui transmettait cet ordre : « Allez dire à Gonzalve » que même au moment de mourir, je n'oublie pas » l'obéissance que je lui dois. » Puis, se tournant vers ceux qui entouraient tristement son lit, elle leur demanda pardon des mauvais exemples qu'elle avait pu leur donner pendant sa vie.

Rose ignora longtemps sa remarquable beauté, et ne se doutait même pas qu'il y eût la moindre chose en elle qui méritât d'être admiré. Une dame louait un jour la blancheur et la perfection de ses mains ; notre sainte fut si peinée de cette réflexion inattendue, qu'elle résolut d'en détruire la cause, en les frottant avec de la chaux vive. La force de ce mordant produisit un effet si terrible, que les chairs se fendirent en plusieurs endroits. Il lui devint impossible de se rendre à elle-même le plus petit service ; et elle fut obligée pendant un mois d'avoir recours à Marianne, qui dévoila ce trait et beaucoup d'autres encore, après sa mort.

Rose, s'apercevant enfin que sa beauté attirait l'admiration de tous ceux qui la voyaient, s'efforça de la faire disparaître, et y parvint bientôt, par les macérations et les jeûnes qu'elle s'imposa. Alors ses austérités furent accusées de ce changement subit; et les malveillants en conclurent qu'elle tenait plus à mériter des éloges par sa pénitence, qu'à conserver sa beauté. Elle demanda donc à Dieu de dérober les mortifications à tous les yeux en lui rendant la fraîcheur et la santé, ce qui lui fut accordé. Pendant toute la durée du carême suivant, Rose jeûna au pain et à l'eau, et passa la nuit du Jeudi Saint en adoration devant le corps de N.-S. Jésus-Christ, déposé dans le tombeau. Tandis que le Vendredi Saint, elle retournait chez elle avec sa mère, plusieurs jeunes gens qui se trouvèrent sur leur passage, tinrent des discours fort déplacés, en accusant notre sainte de n'avoir probablement pas observé le jeûne prescrit dans ce temps de pénitence. Marie de Oliva fut blessée de ces paroles; mais Rose en ressentit au contraire une satisfaction intérieure, parce qu'elles lui prouvaient que ses austérités étaient cachées aux regards des hommes.

Le trésor de grâces et de lumières extraordinaires dont il plaisait à Dieu de la favoriser, était gardé au fond de son cœur par une profonde humilité. Plusieurs fois son confesseur lui demanda quelques éclaircissements sur ce qui se passait dans son âme. Longtemps elle s'y refusa; mais un jour, vaincue par ses pressantes instances, elle lui dit : « Sachez, mon père, que depuis « ma plus tendre enfance, je n'ai jamais cessé de de- « mander au Seigneur que si, par sa miséricorde infi- « nie, il daignait plus tard m'accorder des grâces par- « ticulières, il ne permît jamais qu'elles fussent con- « nues des hommes. Il a bien voulu jusqu'à présent « exaucer ma prière. Cessez donc, je vous prie, de « m'interroger sur ce point. Le ministre de Dieu ne « doit pas ôter ce que Dieu a donné. »

Dans la suite, le père spirituel de Rose, ayant désiré qu'elle se soumît à l'examen du docteur Castillas, elle lui fit connaître en peu de mots des choses extraordinaires, ajoutant que ces paroles étaient insuffisantes pour rendre avec justesse l'abondance des grâces que le Saint-Esprit se plaisait à répandre dans son âme.

La circonstance que nous allons rapporter prouvera une fois encore, à quel degré notre sainte éprouva l'effet de la haute protection de la mère de Dieu, qui, toujours selon ses besoins, lui venait en aide.

Un matin qu'elle s'était rendue suivant sa coutume à la chapelle du Rosaire, à peine agenouillée devant l'autel, une pensée troubla vivement son esprit; elle se rappela que l'un de ses instruments de pénitence et de macérations, qu'elle mettait tant de soin à dérober aux yeux de tous, avait été oublié par elle dans sa chambre, où il était impossible qu'il ne fût pas remarqué. Désolée donc de voir ainsi son pieux secret sur le point d'être trahi, Rose confia son tourment à la très-sainte Vierge, en la priant de lui être secourable dans ce moment si pénible pour son cœur. Aussitôt ses craintes s'évanouirent, et firent place à la plus complète sécurité. De retour à la maison paternelle, quel ne fut pas l'excès de sa joie, alors que, rentrant dans sa chambre, elle s'aperçut que l'objet de ses alarmes n'occupait plus la place où elle l'avait laissé. Le cherchant donc avec anxiété, elle le trouva là même où elle avait prié la mère de toute grâce de le cacher.

Ainsi que nous l'avons dit déjà, l'amour de Rose pour l'humilité fut toujours favorisé du secours de la sainte Vierge. A cette vertu, notre sainte joignait une douceur et une affabilité qui la faisaient chérir. Jamais un murmure ou une parole désobligeante ne sortirent de sa bouche. Son visage toujours serein n'avait rien de cette tristesse austère qu'on remarque parfois chez les personnes qui vivent dans la pratique de la pénitence et de la mortification. Elle se plaisait à trouver de continuels sujets d'édification dans les autres, et ne voyait de fautes et d'imperfections que dans son propre cœur, reconnu à l'envi pur et sans reproche. Enfin, l'excessive sévérité qu'elle exerçait sur elle-même contrastait d'une manière frappante avec cette douceur angélique dont ses traits étaient l'image.

CHAPITRE VI.

ABSTINENCES ET JEUNES RIGOUREUX DE ROSE.

Il était juste que les vertus si admirables et si élevées de Rose fussent basées sur le fondement solide et profond de l'humilité. Suivant jusqu'à sa mort les traces de sainte Catherine de Sienne, elle pratiqua le jeûne et l'abstinence d'une manière incroyable, et pour ainsi dire inconnue des chrétiens de notre siècle.

D'après l'attestation de sa mère, ses mortifications commencèrent dès son berceau. N'étant encore qu'une enfant, elle faisait déjà le sacrifice de toutes les petites friandises si appréciées par le jeune âge; et n'ayant que six ans, elle ne prenait que du pain et de l'eau les mercredis, vendredis et samedis. A quinze ans elle fit vœu d'observer une abstinence perpétuelle, à moins d'un ordre formel de ses parents ou des médecins. Quelle prudence prématurée! elle veut se mortifier, mais en même temps ne pas enfreindre l'obéissance. De combien de stratagèmes n'usa-t-elle pas pour soustraire sa pénitence aux regards maternels.

Les relations de société que la position de Marie de Oliva lui imposait, étaient pour Rose de véritables supplices. Elle se trouvait sans cesse entre deux écueils: l'infraction à cette mortification qui avait tant d'attraits pour son cœur, et d'un autre côté, la crainte de s'attirer des louanges en la mettant en pratique. Par une singulière particularité, l'usage de la viande lui était non-seulement contraire, mais encore il lui causait de vives souffrances; et dans son excessif amour pour les austérités, notre sainte laissait ignorer cette circonstance au médecin, lui obéissant en silence lorsqu'il la lui prescrivait pour reprendre des forces.

Rose était atteinte d'une affection goutteuse, et ressentait des douleurs d'estomac qui la faisaient souffrir jour et nuit de la façon la plus cruelle. Dès que son mal semblait diminuer d'intensité, les personnes qui l'entouraient en profitaient pour l'engager à boire un peu de bouillon; mais elle ne voulait que du pain et de l'eau, et à la voir prendre cette nourriture si simple et si frugale, on eût dit qu'elle se transformait pour elle en un repas splendide.

L'état de faiblesse de Rose s'augmentant, sa famille consternée, fit tout ses efforts pour en obtenir qu'elle mangeât un peu de viande. Et bien persuadée d'avance du mal qu'elle en éprouverait, elle se rendit à ses désirs avec sa douceur habituelle. Mais bientôt, pâle et souffrante, elle se hâta de gagner l'oratoire commun, où Gonzalve et sa femme la trouvèrent en proie à tant de souffrances, qu'ils furent tous deux émus d'une vive compassion.

Une autre fois, Gonzalve, affecté aussi de l'état de langueur de notre sainte, lui donna à son tour le même conseil; elle obéit encore, mais endura de si cruelles douleurs, qu'elle ne put taire la vérité. Profondément touché de cette constante obéissance, Gonzalve, disons-nous, supplia ses parents, ses médecins et son directeur, de ne pas persister davantage à lui enjoindre une chose qui lui était à la fois et si contraire, et si pénible en l'obligeant à rompre le vœu d'abstinence qu'elle avait fait dès sa plus tendre enfance.

Dans l'un de ces moments de contemplation, où l'âme de Rose, dégagée de tous les liens terrestres, s'était élevée avec transport vers les régions du ciel, les lumières de l'Esprit Saint l'éclairèrent d'une façon toute particulière; et elle comprit que telle était la volonté divine qu'elle pratiquât la plus sévère abstinence, se confiant tout entière en celui qui s'était sacrifié pour elle sur la croix par l'effusion de tout son sang, et qui possédait en lui-même les trésors de la grâce.

Soutenue par les inspirations d'en haut et les faveurs spéciales qui inondaient son cœur, Rose marchait à grands pas dans la voie étroite des macérations et de la pénitence. Les sacrifices, ordinairement si pénibles à la nature, avaient perdu toute leur amertume, et étaient devenus pour elle pleins de douceurs et de charmes.

Marie de Oliva n'était pas échauffée par le foyer divin qui embrasait le cœur de sa fille, et lui donnait des forces pour entreprendre et achever des choses si au-dessus de la compréhension commune. Ces actions surprenantes se montraient à ses yeux sous un jour bien différent, et elle en jugeait d'une tout autre façon. S'apercevant avec douleur du changement subit de Rose, de son dépérissement, de sa pâleur et de l'affaiblissement visible de ses forces, qu'il était facile d'attribuer aux jeûnes et aux pénitences de tous genres qu'elle s'imposait, Marie de Oliva donc se reprocha sa trop grande condescendance, et après l'avoir vivement réprimandée, elle lui intima l'ordre de prendre à l'avenir ses repas en sa présence. Une fois encore, Rose représenta la vivante image de sainte Catherine de Sienne, qui avait un jour souffert les mêmes reproches de la part de sa mère. A force de supplications et de caresses, notre sainte avait obtenu la faveur de faire préparer séparément les aliments que la faiblesse de son estomac lui permettait de digérer. Elle courut trouver la fidèle Marianne, et après lui avoir demandé le silence sur ce qu'elle allait lui dire (en effet Marianne ne fit connaître ce trait qu'après la mort de Rose), Rose obtint d'elle une sorte de mets composé de pain et d'herbes, et sans nul autre assaisonnement que quelques grains de raisin, qu'elle lui recommanda de mettre à l'extérieur, afin d'en imposer à la vigilance de sa mère, et que celle-ci pût croire que cet aliment était agréable au goût. Il lui arrivait même d'y joindre de la cendre. Quelle pénitence ! et combien notre délicatesse est loin de la mortification de cette Rose choisie, dont nous essayons en tremblant de retracer les admirables perfections.

Ayant entendu dire qu'une plante fort amère croissait dans une forêt voisine de sa demeure, Rose s'en procura et pria Marianne de la substituer à celles dont elle faisait déjà usage. Elle la planta même dans son petit jardin, et la cultiva de ses propres mains, laissant croire à sa mère qu'elle avait des propriétés médicinales.

Marie de Oliva découvrit un jour dans une haie du même jardin un petit vase rempli de fiel. Soupçonnant avec raison quelques nouvelles austérités de sa fille, elle l'interrogea à cet égard avec inquiétude, et Rose répondit simplement qu'elle prenait de ce fiel pour exciter son appétit; mais après sa mort on apprit de Marianne que tous les jours où cette inimitable sainte n'avait pas le bonheur de s'approcher du banquet eucharistique, elle buvait de ce fiel, en mémoire de celui qui fut donné à notre divin Sauveur sur la Croix.

Tous les vendredis, et en souvenance aussi de l'éponge imbibée de fiel qui fut présentée à N.-S. J.-C. pour étancher sa soif, Rose trempait un morceau de pain dans du fiel, qu'elle mâchait ensuite avec un courage héroïque, mais non sans répandre des larmes involontaires, que cette sensation pénible arrachait à la nature.

L'Inde occidendale produit comme on le sait la superbe fleur de la Passion, appelée ainsi par les chrétiens de cette contrée, à raison de la vérité avec laquelle tous les instruments de la Passion du Sauveur y sont représentés. Au milieu de pétales admirablement nuancés s'élève une colonne semblable à celle où notre divin Maître fut attaché lors de sa cruelle flagellation. Trois clous sont enfoncés dans le haut de cette colonne, dont la partie inférieure est entourée d'une couronne d'épines. Enfin on y remarque une multitude de filaments qui rappèlent les fouets de corde qui servirent à frapper son corps sacré. Après donc avoir réservé avec soin les petits grains de l'intérieur de cette fleur, dont le goût est très-agréable, notre sainte, par esprit de pénitence, en mangeait avec avidité les feuilles qui sont d'une amertume extrême.

Selon ceux qui vivaient dans son intimité, elle pratiquait deux sortes de jeûnes ; l'une en ne s'accordant que très peu de nourriture, l'autre, par la suppression de tout aliment, à certaines époques de l'année pendant son séjour chez Gonzalve, et ainsi que l'exige la règle des Dominicaines, Rose jeûnait l'espace de sept mois, de la fête de l'Exaltation à celle de Pâques. Jusqu'à la Quadragésime, la quantité de pain qu'elle se permettait se trouvait fort réduite ; et dès ce moment, elle s'en interdisait entièrement l'usage, pour ne se nourrir que d'herbes et de racines cuites. Enfin, les cinq dimanches suivants, elle avalait avec courage une gorgée de fiel, en mémoire des cinq plaies de N.-S. Jésus-Christ ; et le reste de l'année, on comprenait à peine que son corps pût la soutenir avec le peu d'alimentation qu'elle lui donnait. Marie Uzategui disait souvent que la nourriture que prenait Rose dans une semaine n'aurait pu suffire à une autre personne pour un jour seulement. On a même remarqué parfois qu'elle en passait plusieurs dans un jeûne absolu ; et, abîmée alors d'adoration devant Dieu, elle demeurait une semaine encore dans l'immobilité la plus parfaite. Affaiblie par tant d'austérités, notre sainte ne se soutenait plus que par la contemplation et le pain eucharistique, dont la réception lui donnait de nouvelles forces pour prolonger ce jeûne admirable pendant les huit jours suivants.

Des mortifications si incessantes altérèrent sa santé, et en proie à des vomissements, elle se persuada qu'ils étaient produits par une cause tout à fait contraire. Loin de se rendre aux conseils prudents de son entourage, elle persista plusieurs jours encore à s'interdire toute nourriture, se croyant coupable d'intempérance.

Rose voulait se mortifier en tout ; et elle trouvait le moyen en ne buvant même que de l'eau de suivre l'attrait de son cœur pour la pénitence. Elle faisait tiédir cette eau, afin de lui ôter sa fraîcheur naturelle, et semblait n'agir ainsi que pour la rendre plus légère. Par une pratique si admirable du jeûne, elle représentait d'une manière frappante sa maîtresse séraphique, dont les forces renaissaient aussitôt, alors qu'elle posait ses lèvres sur la plaie du côté de notre divin Sauveur.

CHAPITRE VII.

DISCIPLINES, CHAÎNES ET CILICE DE ROSE

Les personnes qui voyaient Rose de près ne pouvaient s'expliquer comment, déjà si affaiblie par l'austérité de ses jeûnes, elle avait encore la force de supporter la cruelle discipline qu'elle s'infligeait avec tant de sévérité et de constance.

Non contente des deux petites cordes en usage dans son ordre, et dont les religieuses se ceignent le corps, elle y joignait deux chaînes de fer dont elle se frappait si violemment les épaules, que le plancher de sa chambre en était inondé de sang.

L'innocente Rose voyait ce qu'elle appelait ses fautes sous un jour si horrible, qu'elles lui semblaient ne pouvoir être expiées que par les plus rudes châtiments. Tout pour elle était un sujet de macérations et de pénitences. Sans cesse occupée des malheurs de l'Eglise et des calamités qui menaçaient sa patrie, elle s'efforçait d'apaiser la colère divine, et de détourner les fléaux, en frappant son propre corps ; et par un dévouement que notre faiblesse a peine à comprendre, se blessait elle-même pour guérir les plaies de ses frères.

Les pauvres âmes du Purgatoire étaient aussi l'objet de la sollicitude de notre sainte, et elle cherchait à éteindre les flammes de ce lieu d'expiation, par l'abondance de sang que faisaient répandre à son corps de nouvelles disciplines.

Les malades à leur lit de mort n'excitaient pas moins sa compassion, et en se macérant sévèrement, elle désirait encore leur obtenir les grâces nécessaires dans ce moment suprême qui précède toute une éternité de souffrances ou de délices. La conversion des pécheurs l'occupaient sans cesse ; elle se frappait cruellement pour leur obtenir un sincère retour vers Dieu. Ses plaies étaient à peine cicatrisées, que la courageuse Rose s'en faisait encore ; et souvent pendant la nuit, le violent sifflement des cordes était entendu par les serviteurs de la maison, qui s'étonnaient qu'un être si débile en apparence eût assez de force pour se déchirer avec tant de suite et de rigueur.

Le vénérable Père François Solanos, dont la réputation de vertu et de sainteté s'étendait au loin, fut la cause innocente d'un grand trouble dans la ville de Lima. L'un de ses discours ayant été mal interprété, le peuple crut que cette cité allait être ensevelie dans les entrailles de la terre, et l'effroi fut à son comble.

Rose, consternée à la vue de cette émotion générale, joignit à ses prières les flagellations, pour recouvrer avec le secours de Dieu le calme et la paix.

Dès ses plus jeunes années, son penchant pour la pénitence se fit remarquer. N'ayant encore que quatre ans, elle se plaisait déjà aux pratiques de la plus sévère mortification pour honorer la passion du Divin maître.

La fidèle Marianne, témoin des efforts prématurés de cette enfant bénie dans la voie étroite qu'elle devait suivre plus tard avec tant d'ardeur, ne rompit le silence qui avait été exigé d'elle qu'après que Rose eût quitté cette terre d'exil. Les détails qui nous ont été transmis par elle sont aussi extraordinaires qu'admirables ; mais nous ne les rapporterons pas tous dans la crainte de dépasser les bornes que nous nous sommes prescrites.

En considération des prudents avis du Père Laurenzana, Rose dut apporter quelque adoucissement à la rigueur des macérations qu'elle s'imposait ; mais ce ne fut pas de longue durée, et bientôt, par ses prières et ses instances, elle obtint comme une faveur de son guide spirituel, une chose bien difficile à comprendre pour notre faiblesse. Elle obtint, disons-nous, la permission de s'infliger, dans un espace de temps déterminé, cinq mille coups de discipline. Cette admirable servante du Sauveur, toujours ingénieuse à chercher les moyens de ressembler à son divin modèle, et se rappelant cette pieuse croyance, que le nombre de cinq mille coups était précisément celui que, lors de sa Passion, il avait reçu de la part des bourreaux déicides, voulait dans son ardent amour pour ce maître adorable, souffrir s'il lui était possible avec lui et comme lui.

Une fois cette permission obtenue par notre sainte, elle s'appliqua avec la plus scrupuleuse attention à ne rien omettre dans l'accomplissement de cette rigoureuse pénitence. Elle fit plus encore ; dans son excessive charité, elle obtint d'augmenter le nombre de ses coups de discipline, pour attirer sur ceux qui lui étaient chers, et aussi sur son pays tout entier, les bénédictions célestes. Lorsque parfois une souffrance quelconque la retenait au lit, affligée qu'elle était alors de l'obligation de mettre une trêve à ces austérités vraiment effrayantes, elle conservait soigneusement le souvenir du laps de temps écoulé dans l'impossibilité d'y satisfaire, et se hâtait, aussitôt que sa santé le lui permettait, de réparer avec une nouvelle ardeur les omissions involontaires qui lui avaient été imposées.

Plus tard, par obéissance pour son confesseur, Rose consentit à substituer des cordes à nœuds à la chaîne de fer, cruel instrument de sa discipline ; mais elle ne put se résoudre à s'en séparer tout-à-fait, et la serra plusieurs fois autour de son corps. On peut juger facilement du supplice qu'elle endurait.

Comme nous l'avons dit précédemment, Rose, avide de pénitence dès son jeune âge, se frappait les épaules avec de petites cordes, à l'imitation de notre divin Sauveur dans sa Passion. Plus avancée dans la vie, elle voulait encore le suivre sous le poids de sa croix; et toujours confiante dans sa fidèle Marianne, elle priait celle-ci de l'accompagner dans un endroit écarté de la maison. Là, n'ayant qu'elle pour témoin, Rose lui demandait, ne le pouvant faire elle-même, de charger ses épaules d'un bois pesant, et accablée sous le faix, elle demeurait un certain temps unie par la plus fervente prière à son divin modèle. Puis, craignant la vigilance de sa mère, que le moindre bruit aurait attirée dans ce lieu, elle faisait signe à sa confidente de la décharger en silence de son fardeau. Peut-on comprendre un tel esprit de pénitence dans un si jeune âge ?....

Rose avait à peine quatorze ans, qu'elle imaginait un autre genre de macération. La nuit elle se rendait pieds nus au jardin ; elle chargeait d'une lourde croix ses épaules déjà meurtries par les flagellations; et courbée sous ce poids effrayant pour notre pauvre humanité, et à la fois si doux à son cœur embrâsé du divin amour, elle faisait autant de pas que son adorable modèle en avait fait lui-même en allant au Calvaire. Inaccessible au froid, au chaud, aux intempéries de toute sorte, elle le suivait dans cette voie douloureuse, et rien en un mot ne pouvait arrêter son ardeur.

Lorsqu'il fut défendu à notre sainte par son confesseur, de faire usage de sa chaîne pour se donner la discipline, elle se soumit et la serra fortement plusieurs fois autour d'elle, après l'avoir scellée à un anneau. Ce cruel instrument de supplice pénétrant sans cesse dans ses chairs était une torture continuelle. Longtemps ses souffrances demeurèrent cachées; mais une nuit, vaincue par la douleur, elle laissa échapper quelques gémissements qui éveillèrent Marianne. Cette dernière accourut aussitôt, la supposant en proie à ses maux accoutumés. Rose, qui alors ne pouvait taire la vérité, la lui dévoila enfin, et de concert avec cette pieuse confidente, fit de vains efforts pour ouvrir l'anneau fatal. Dans ce moment d'angoisses, et craignant à tout instant l'arrivée de sa mère, elle se prosterna devant Dieu, implorant de sa bonté protection et délivrance. L'effet de la prière de Rose ne se fit pas attendre, car bientôt sa chaîne se rompant, elle recouvra et le calme et la possibilité de reprendre dès le lendemain le cours de ses occupations journalières : mais infatigable dans cette rude carrière de pénitence que son cœur était avide de suivre, elle s'infligea encore le même genre de macération; et son père spirituel en ayant été instruit, exigea que la chaîne lui fut enfin remise. Rose, obéissante, l'enveloppa donc soigneusement, et chargea le sacristain de l'église Saint-Dominique de ce message. Celui-ci, poussé par un sentiment de curiosité, ouvrit le paquet; mais quelle ne fut pas sa surprise en y trouvant une chaîne de fer teinte de sang, et à laquelle adhéraient encore des lambeaux de chair !....

Marie Uzategui conserva longtemps après la mort de notre sainte quelques anneaux de cet instrument de supplice.

Ainsi qu'on l'a vu déjà, cette admirable servante du Seigneur voulait que toute sa personne s'unît de souffrance avec lui; et toujours ingénieuse à en trouver les moyens, elle se serrait étroitement les bras avec des cordes. Au milieu des douleurs que cette cruelle pression lui faisait éprouver, elle méditait sur les liens du Sauveur au jardin de Gethsemani, et le suivait avec amour chez Caïphe, Anne, et Pilate. Mais les cordes fortement serrées contre sa chair la déchiraient, et pour en prévenir l'ulcération, il fallut la couvrir d'une poudre conservatrice et adoucissante.

On donna à Rose un cilice, elle reçut cet objet avec d'autant plus de joie, que jusqu'alors son extrême pauvreté ne lui avait point permis de se le procurer. Bientôt, son insatiable amour des souffrances le lui fit trouver trop doux; et elle parvint à en obtenir un nouveau, qui satisfit davantage ses désirs de pénitence et dont sa ferveur toujours croissante lui inspira d'augmenter encore la rigueur. Ce cilice, que l'on ne pouvait considérer sans effroi, était pour notre sainte un vêtement ordinaire, et elle le porta pendant plusieurs années, jusqu'à ce qu'enfin des vomissements de sang lui en fissent interdire l'usage par son directeur.

Possédant le pieux secret de se créer chaque jour de nouvelles pénitences, Rose substitua à ce dur cilice que sa mauvaise santé ne lui permettait plus de porter, un autre genre de mortification qu'il lui fut facile de pratiquer sans accroître l'affection de poitrine dont elle était atteinte. Elle se confectionna donc une chemise d'un tissu si grossier que l'usage en devenait un véritable supplice ; et elle en recouvrit soigneusement le bout des manches avec une toile très fine, de façon à en imposer aux regards maternels.

Les jeûnes et les pénitences multipliés de Rose avaient considérablement altéré sa santé : faible, languissante, elle avait peine à se soutenir; mais sa ferveur et son zèle ne perdaient rien de leur force, et lui en communiquaient assez pour lui faire imaginer chaque jour une mortification nouvelle. Lorsque le four de la maison était allumé, elle marchait pieds nus avec un courage héroïque à l'ouverture de ce brâsier, en réfléchissant aux flammes de l'enfer, que dans sa profonde humilité elle croyait avoir méritées. C'est ainsi qu'elle traitait son corps affaibli par les maladies, et accablé sous le poids des pénitences qu'elle lui imposait. A l'exemple de plusieurs saints, Rose prenait un vrai plaisir à lui interdire la moindre satisfaction. La vie de saint Grégoire-Lopez avait vivement touché son cœur ; et à l'imitation de cette âme angélique, elle buvait à longs traits et avec délices dans la coupe amère du Sauveur.

Animée du désir ardent de se conformer en tout à son divin Maître, lorsqu'il était sur la croix, et faisant du mystère de la Passion l'objet incessant de ses méditations, elle avait su comprendre que N. S. J. C., cette victime sans tache, embrasée du plus ardent amour pour nous, avait parcouru sa vie mortelle dans des privations et des souffrances continuelles : et que même à cet instant suprême où s'accomplissait le mystère de notre Rédemption, il avait voulu souffrir en entier et sans nul adoucissement les tourments indicibles qu'il offrait à Dieu son père, en expiation de nos innombrables crimes.

Rose, sa fille chérie, au milieu des douceurs ineffables de sa grâce, et de cette sainte ivresse à qui seule il appartient de remplir les cœurs sans jamais les rassasier, Rose, ardente pour les souffrances, et craignant toujours d'accorder la moindre douceur à son misérable corps, le sacrifiait sans cesse à l'amour dont elle était consumée pour son divin Maître. Lors donc que dans sa bonté infinie, il favorisait son âme de la surabondance de ses grâces et de ses dons spirituels, Rose, vivant pour ainsi dire d'austérités et de pénitences, en poursuivait la carrière avec cette joyeuse ardeur qui ne devait l'abandonner qu'à son dernier soupir.

CHAPITRE VIII.

COURONNE DE PÉNITENCE DE ROSE.

Qu'elle fut admirable cette pieuse ambition des saints, qui préféraient toujours les épines du Christ aux brillantes couronnes du monde !... La ferveur de leur amour leur faisait comprendre que les roses dépouillées d'épines étaient sans défense, et ils voulaient, comme de vaillants soldats, être sans cesse armés pour résister avec force aux attaques de l'ennemi. Il convenait donc à l'imitatrice de sainte Catherine de Sienne de porter une couronne semblable à celle de sa maîtresse.

A peine dans l'adolescence, et fixant un jour ses regards sur son Dieu couronné d'épines, Rose se reprocha d'être un membre si délicat d'un tel chef. Elle se fit une couronne avec de petites cordes, et introduisit à l'intérieur des pointes aiguës. Pendant plusieurs années ce diadème cruel entoura cette tête innocente à l'insu de tous. Ce genre de supplice si intolérable à notre délicatesse n'était cependant encore que les premiers pas de notre Sainte dans l'admirable voie de sacrifices qu'elle devait parcourir plus tard.

Dix ans avant sa mort, Rose abandonna cette couronne devenue trop douce à son insatiable amour des souffrances; elle lui en substitua une autre en lames d'argent, garnie intérieurement de trente-trois pointes de fer mémoire des trente-trois années de la vie mortelle de N. S. J.-C., et pour que ce supplice ne fût point adouci par son énorme chevelure, elle la coupa, ne réservant qu'une faible partie, qu'elle laissa paraître sous son voile, afin de tromper l'œil vigilant de sa mère.

On peut se faire une juste idée de tout ce que cette cruelle couronne fit souffrir à notre Sainte; la moindre secousse, le plus petit mouvement, était un nouveau tourment pour elle. Ce n'était pourtant pas encore assez, et elle trouva le moyen, à l'aide d'un cordon, de fixer cette couronne plus immédiatement sur sa tête.

Toutes ces tortures que notre plume a peine à retracer étaient pour Rose de véritables jouissances; et plus elles s'augmentaient, plus aussi elles la rendaient heureuse. Chaque matin elle avait soin de ne pas placer sa couronne comme elle l'avait été la veille, afin que tout le tour de sa tête fut également percé. Les vendredis elle l'y serrait plus fortement encore en mémoire de la mort du Sauveur; et elle persistait à s'infliger ce redoublement de souffrances les samedis, en union du glaive de douleur qui perça si cruellement le cœur de Marie au moment de la Passion de son divin Fils. Notre Sainte mettait tant de soin à cacher cet instrument de pénitence, qu'il resta longtemps inconnu. Bien qu'elle eût obtenu de son confesseur la permission de pratiquer des austérités secrètes, celui-ci était loin de les connaître toutes, et il ne soupçonna jamais les pieuses inventions par lesquelles cette digne servante d'un Dieu mourant sur la croix se plaisait à torturer son corps chaque jour.

La divine Providence ne permit pas que de telles

œuvres demeurassent toujours sous le boisseau ; et nous allons dire comment fut découvert le secret de Rose, si soigneusement caché par elle.

Un jour, qu'une réprimande paternelle était sévèrement adressée à son frère, elle s'en émut, et devint aussitôt l'avocate du jeune coupable. Plaidant alors sa cause avec chaleur, Rose se rapprocha de son père, et ce dernier, par un mouvement spontané et involontaire, posa vivement la main sur sa tête. Cette pression seule suffit; et le sang, s'échappant avec force sous son voile, vint inonder le front innocent de cette sœur compatissante, qui souffrit mille fois plus dans cette circonstance de voir son secret trahi, que de la douleur qu'elle éprouva. Se retirant aussitôt dans sa chambre, elle se hâta d'ôter sa couronne et d'éponger le sang qui coulait avec violence ; puis, retourna tranquillement vers ses parents ; mais sa fuite précipitée n'avait pas échappé aux regards de sa mère, et celle-ci, se doutant de quelques nouvelles macérations, lui ordonna d'enlever son voile, et découvrit enfin le mystère. Renfermant alors dans son cœur sa pénible émotion, en considérant la tête ensanglantée de sa fille, Marie de Oliva eut assez d'empire sur elle-même pour garder le silence ; bien persuadée que si elle défendait à Rose de porter cette couronne, elle saurait trouver un moyen peut-être plus cruel encore de pratiquer la pénitence. Elle se rendit chez son confesseur le père Jean Villalobos, aussi remarquable par sa science que par sa piété, et fort habile dans la conduite des âmes vers la perfection. Après avoir été instruit de ce qui venait de se passer, il demanda à voir cette cruelle couronne, et ne put s'empêcher de frémir en considérant et la force de cet instrument de supplice, et aussi la faiblesse de celle sur laquelle il agissait.

Plein d'admiration pour cette courageuse servante de Dieu, il fit néanmoins tout ce que la prudence lui dictait pour en obtenir qu'elle s'en séparât ; mais ses efforts furent vains, et il lui fallut accorder quelque chose aux instantes prières de sa pénitente. Il consentit donc, bien qu'à regret, à ce qu'elle continuât à porter sa couronne chérie, mais à la condition expresse que les pointes en seraient adoucies. Rose ne se soumit aux ordres de son père spirituel qu'en versant un déluge de larmes. Toutefois cette couronne, ainsi modifiée, n'était pas sans prix à ses yeux, dans la pensée qu'il lui serait facile plus tard d'y ajouter en secret d'autres pointes.

L'Eglise dit en parlant de la couronne d'épines du Sauveur : « Heureuses épines dont les pointes dé-
« truisent la force du démon. »

Rose pouvait s'approprier le sens de ces paroles, puisque dès qu'elle se croyait exposée à déplaire en quoi que ce fût au divin objet de ses plus tendres affections, elle la pressait trois fois contre sa tête en l'honneur de la Très-Sainte-Trinité ; et par cet acte silencieux et dont nul ne s'apercevait, elle recouvrait à l'instant la paix intérieure qui lui était si habituelle.

Après sa mort, un fervent religieux expérimenta la vertu cachée de cette couronne. Ayant obtenu la faveur de la toucher, il sentit aussitôt dans son cœur un accroissement d'amour divin. A ce sujet nous allons faire connaître un trait assez frappant.

Cette sainte venait d'expirer ; et son corps était déjà

déposé dans le cercueil, lorsqu'on s'aperçut que la couronne qui pour une dernière fois pare le front des jeunes vierges après leur mort, manquait à celui de Rose. Au moment donc où le cortége funèbre allait se mettre en marche, plusieurs personnes poussées sans doute par une inspiration divine, coururent à l'Eglise chercher celle de la statue de sainte Catherine de Sienne, que l'admirable défunte avait tant de fois ornée ; et elles vinrent la poser sur la tête de sa digne imitatrice. Ainsi couronnée, celle qui l'avait si bien représentée dans tout le cours de sa vie, la représenta d'une façon plus frappante encore après sa mort, en portant sa propre couronne. Les assistants reconnurent dans cette circonstance le doigt de Dieu, et y virent un dernier hommage rendu sur la terre aux vertus de Rose, que les saints couronnaient à l'envi et au même moment dans le ciel, où les anges s'empressaient d'aller la recevoir.

Une personne d'une piété remarquable fut favorisée d'une vision dans laquelle Rose lui apparut vêtue de blanc, s'avançant au milieu du chœur des anges vers le trône de la Très-Sainte-Trinité, et la sainte Vierge tenant la couronne qui lui était destinée. De même aussi sans doute, sainte Catherine de Sienne avait été reçue dans le ciel et entre la maîtresse et celle qui l'avait toujours imitée, depuis les cruelles épines jusqu'à la couronne de gloire, rien ne manqua jamais à leur parfaite similitude.

Heureuses épines, heureuses souffrances, qui méritent un tel diadème !.....

CHAPITRE IX

MACÉRATIONS ET VEILLES SAINTES DE ROSE.

Dans son amour incessant pour la pratique des mortifications de tout genre, Rose ne consentait qu'à regret à retrancher de ses méditations nocturnes quelques cours instants pour les donner au repos. Sa mère, peu sympathique à de si dures austérités, voulut s'y opposer, et la fit coucher dans la chambre ; mais aussitôt que Marie de Oliva avait cédé au sommeil, Rose se glissait secrètement sur le bois de son lit, où une brique qu'elle y avait cachée lui servait d'oreiller. Assez longtemps ce pieux stratagème réussit à notre sainte, mais il fut découvert enfin, et lui attira de sévères reproches de la part de sa mère. Sainte Catherine aussi dans une circonstance semblable avait eu à souffrir le même traitement, et Rose imitait avec joie son modèle.

Marie de Oliva, reconnaissant qu'il était impossible de vaincre la ferme résolution qu'avait prise sa fille de continuer son cruel genre de vie, consentit, non sans une grande répugnance, à lui faire dresser un lit de planches sur lesquelles on mit seulement une simple couverture ; mais elle exigea qu'elle se servît d'un oreiller; cette condescendance fit tressaillir Rose de bonheur, et elle en témoigna sa vive reconnaissance à sa mère dans les termes les plus tendres.

Notre sainte répandit de petits cailloux sur la surface des planches qu'elle trouvait encore trop douces, et attendit impatiemment le moment si rempli de charme pour elle, de s'imposer cette nouvelle mortification, ingénieuse à ajouter sans cesse à cette vie de sacrifice qu'elle avait embrassée. Rose, aidée de sa fidèle Marianne, en accrut encore la rigueur par mille petits stratagèmes qu'il serait trop long de rapporter. Chaque soir en se couchant, elle buvait du fiel en mémoire de celui qui fut donné à notre Divin Sauuveur sur la croix, et elle avoua que la cruelle insomnie et les horribles douleurs de gorge qui en étaient la suite la faisaient plus souffrir encore que de le boire. Quelquefois la simple pensée des maux qu'elle allait endurer pendant la nuit, la remplissait de crainte. Un soir donc que cette terreur était à son comble, et que son courage pour continuer ses terribles pénitences semblait prêt à faiblir, son imagination lui représenta N.-S. Jésus-Christ lui parlant en ces termes :

« Souvenez-vous, ma fille, de la dureté et de l'horreur de mon lit sur le calvaire, où j'ai accepté pour vous le sommeil de la mort; pensez au fiel que j'ai bu par amour pour vous; songez que ce ne furent pas seulement des cailloux qui percèrent si cruellement mes pieds et mes mains, mais des clous en fer, et que cette douleur fut assez grande pour m'ôter la vie. Comparez mes souffrances aux vôtres, et ce lit vous paraîtra un lit de roses. »

A ces paroles notre sainte vit renaître la force dans son cœur troublé, et elle poursuivit avec courage cette carrière de pénitence pendant l'espace de seize années.

Sa mère, instruite enfin de tout, essaya plusieurs

fois encore de la détourner de tant d'austérités ; mais, éclairée sans doute par la divine lumière, elle n'osa pas interposer son autorité, et se contenta d'employer l'entremise de son confesseur, qu'elle pria avec instances d'agir selon ses vues. Malheureusement pour elle, celui-ci montra une extrême répugnance à combattre le zèle si ardent de Rose ; et Marie de Oliva dut comprendre que telle était la volonté du Seigneur, qui regardait favorablement les macérations de son admirable servante.

Ainsi que nous l'avons dit, Marie de Oliva avait exigé de sa fille qu'elle se servît d'un oreiller, et cette dernière ne pouvant manquer à sa parole, voulut au moins qu'il lui apportât aussi sa part de souffrance. D'abord, elle introduisit à l'intérieur du linge, puis, une brique, puis enfin, une pierre aiguë ; mais cette ruse ayant été découverte, il lui fallut chercher un autre moyen. Rose fit plusieurs essais qui ne réussirent pas davantage, et sa mère, profondément affectée de sa persistance, lui ordonna enfin de n'y mettre que de la laine. Notre sainte obéit, et pratiqua en même temps la mortification, en remplissant tellement l'oreiller de cette laine, qu'il devint aussi dur que la pierre qui en avait été soustraite.

Lorsque Marie de Oliva vit que tous ses efforts étaient impuissants, elle dit enfin à Rose :

« Vous m'avez obéi, il est vrai, mais votre amour
« pour la pénitence vous a fait convertir des flocons
« de laine en pierres ; puis donc, que votre détermina-
« tion est invincible, je ne m'opposerai plus à rien,
« dussiez-vous attenter à vos jours. »

A la suite de mortifications de toute sorte, les forces

de notre sainte la trahirent enfin ; et ses confesseurs accordèrent à sa mère une permission dont cette dernière se hâta de profiter. Par ses soins, le lit cruel où Rose souffrait tant de tortures fut détruit ; et Marie de Oliva le fit même jeter dans la rivière, afin que jamais il ne pût être remis en usage. Dès ce jour, le lit de sa fille fut comparativement très-adouci, puisqu'il n'était plus composé que de planches, sur lesquelles était étendue une simple tapisserie, et ses membres affaiblis pouvaient y goûter quelque repos, mais il n'en fut pas longtemps ainsi, et bientôt il parut trop doux à Rose, qui pendant les dernières années de sa vie ne voulut plus s'en servir, et ne prenait son repos qu'assise sur une chaise, la tête appuyée sur une colonne.

Quelquefois pendant l'hiver elle était si transie de froid le matin, qu'elle brûlait quelques plantes marines ; ce feu léger la ranimait un peu, et l'empêchait de succomber tout à fait.

Lorsque des travaux continuels la contraignait à prendre quelque repos, elle ne se servait jamais d'un siége doux et commode ; un simple banc lui suffisait. Elle exprimait sans cesse à son confesseur le regret qu'elle éprouvait de ne plus pouvoir continuer ses pénitences accoutumées. Selon elle, sa vie était devenue molle et oisive, le titre de Rose de patience qui lui avait été donné par son père spirituel allait lui être ravi. En un mot, ses instances devinrent si pressantes, qu'elle parvint à arracher son consentement, pour reprendre au Carême suivant, qui devait être le dernier de sa vie, ses austérités primitives.

Elle se hâta donc de se préparer un nouveau lit de

souffrances, et mit tant d'adresse et de soin à le cacher que ce ne fut qu'après sa mort qu'il fut découvert. Pendant sa dernière maladie, Rose déplorait sans cesse la perte de son grabat bien-aimé ; elle voulut remédier à cette absence de mortification, et demanda à être couchée par terre ; mais les serviteurs de la maison feignirent de ne pas l'entendre. Un jour cependant elle obtint de son père qu'il lui ôtât son oreiller et sentit avec bonheur sa tête reposer sur les planches de son lit, à cette pensée, qu'elle avait ainsi quelque ressemblance avec son divin Maître, dont la tête sacrée ne se reposait que sur le bois de la croix.

Sainte Catherine de Sienne, suivant autrefois aussi cette voie de pénitence, ne se permettait que deux heures de sommeil, et elle avouait n'avoir jamais eu un plus puissant ennemi à combattre. Quels ne furent donc pas et les violents efforts et le tourment de Rose, sa fidèle imitatrice, pour en arriver à ce point de diminuer encore un si court espace de temps accordé au repos.

Nous allons faire connaître de quelle admirable et tout à la fois inimitable façon, elle employait les vingt-quatre heures du jour : elle en passait douze à l'exercice de la prière et de la méditation ; dix aux travaux destinés à subvenir aux besoins de sa famille : et deux seulement au repos, et à quel repos... Son esprit, son cœur, et sa personne tout entière demeuraient sans cesse absorbés par la pensée de la pénitence et des austérités.

Lorsque, pendant le cours de ses méditations nocturnes, Rose éprouvait l'impérieux besoin du sommeil, craignant d'y succomber, elle se levait aussitôt, se prosternait devant la croix, et se frappait durement en implorant de la puissance de cet instrument de notre Rédemption le secours nécessaire à sa faiblesse. Une autre fois, et toujours pour combattre le besoin de repos, elle fixa un gros clou au mur de sa cellule de façon à ce que le peu de chevelure qu'elle avait conservé y étant attaché, l'extrémité seule de ses pieds effleurât le sol ; et que dans cette attitude douloureuse, il lui fût permis d'en accroître encore la rigueur, en s'abaissant et se relevant tour à tour.

Quelle importance ne mettait donc pas cette jeune et intrépide servante du Seigneur à lutter ainsi contre la nature, puisque toujours nous la voyons courageusement armée contre elle.

CHAPITRE X

AMOUR DE ROSE POUR LA SOLITUDE, SON ÉLOIGNEMENT DU MONDE, SON ÉTROITE CELLULE.

Dès sa plus tendre enfance, Rose imita sa maîtresse séraphique dans son amour pour la retraite; les jeux de son âge n'avaient aucun charme pour elle ; et lorsque de jeunes enfants lui offraient de prendre part aux leurs, notre sainte trouvait bientôt un prétexte pour les quitter, et se retirait à l'écart, afin de jouir du calme et du silence qui seuls savaient plaire à son cœur.

Son frère, surpris de son goût pour la solitude dans un si jeune âge, lui en ayant un jour demandé la raison, elle lui répondit :

« Laissez-moi me tenir cachée avec mon Dieu, car « il ne saurait se trouver au milieu des jeux, où per- « sonne ne pense à lui. »

Rose avait remarqué dans le jardin un bouquet de platanes très-touffus, ce lieu silencieux, et par cela même en harmonie avec son désir de retraite, lui plut. Aidée de son frère Ferdinand, elle s'y construisit un petit oratoire avec des branches entrelacées qu'elle appuya à la muraille, et au fond duquel fut fixée une croix en fleurs; tous les petits objets de piété que cette enfant bénie pouvait se procurer, étaient déposés par elle dans ce lieu qui renfermait tout son bonheur. Rose se hâtait chaque matin d'accomplir ses devoirs, afin d'avoir la liberté de s'y rendre ; puis s'éloignait avec transport des vaines joies du monde, pour aller penser à Dieu dans sa retraite. Sa famille disait souvent : « Si vous cherchez Rose, allez au « jardin. »

Plus tard, ayant obtenu comme une faveur de sa mère d'occuper une chambre seule, elle y goûtait délicieusement cette vie retirée qui lui était si chère ; et préludait pour ainsi dire aux austérités et aux macérations extraordinaires qu'elle devait pratiquer un jour.

Lorsqu'arriva pour notre sainte, le moment de cultiver avec sa mère les relations du monde, celle-ci voulut l'y contraindre, ne s'expliquant pas l'éloignement de sa fille pour toutes distractions, alors que ses compagnes, au contraire, les recherchaient avec tant d'empressement. Rose, bien différente, les fuyait avec soin, et un jour se voyant sur le point d'accompagner Marie de Oliva dans une réunion, elle se heurta volontairement et avec tant de force le pied contre une pierre, que le sang jaillit, et qu'il lui fut permis de ne pas sortir. Enchantée du succès de ce stratagème, elle en imagina un autre, qui pendant assez longtemps la servit à souhait. Chaque fois qu'elle prévoyait l'obligation de prendre part à quelque distraction, elle se frottait les paupières avec du poivre, et bientôt ses yeux rouges et gonflés répandaient un déluge de larmes. Sa mère, craignant alors que le grand air ne lui fût préjudiciable, la laissait au logis, et Rose en silence se réjouissait au fond de son cœur, comptant pour rien la souffrance qu'elle s'était infligée.

S'étant servie dans une circonstance semblable du même moyen et avec plus de force encore, Marie de Oliva observa que chaque fois qu'une occasion se présentait de sortir, le même mal se produisait, et voulant considérer de près les yeux de sa fille, elle fut frappée de la forte odeur de poivre qui vint lui dévoiler ce mystère. Elle lui en adressa donc les plus sévères reproches, puis lui montra le danger qu'elle courait de perdre la vue.

« O ma mère, s'écria Rose, il me serait plus avan« tageux encore de devenir aveugle, que de voir le « monde et de prendre part à ses vains plaisirs. »

Profondément touchée de cette réponse, Marie de Oliva résolut de ne plus contrarier les goûts de sa fille, qui ressentit autant de joie en apprenant que sa chère solitude ne lui serait plus ravie, que les jeunes personnes en éprouvent ordinairement lorsque la pensée d'une distraction future se présente à elles.

Rose, s'avançant d'un pas rapide dans les saintes voies de la ferveur, le sacrifice des spectacles et des divertissements bruyants ne lui suffisait plus ; il lui fallait encore rompre à jamais avec les nombreuses relations de sa mère et les discours puérils des femmes mondaines, qui étaient un cruel supplice pour son cœur avide des biens impérissables. Sa douceur, sa modestie, le parfum de vertu qui semblait s'exhaler autour d'elle, la faisaient chérir de toutes les personnes pieuses de sa connaissance, et bien que leurs conversations fussent fort édifiantes, Rose préférait de beaucoup le silence de sa solitude, et disait souvent qu'il lui était plus avantageux d'être avec Dieu que d'entendre parler de lui.

Elle supplia ses parents de lui faire construire dans le lieu le plus retiré du jardin une étroite cellule où elle désirait que le travail des mains, la prière et la méditation occupassent tous ses instants. Mais sa demande fut repoussée, et perdant l'espoi de jamais obtenir par elle-même une semblable faveur, elle mit toute sa confiance dans la miséricorde de Dieu; et se prosternant d'abord à ses pieds, elle lui demanda avec toute la ferveur dont son cœur était capable, de lui accorder cette grâce. Puis, se tournant vers la très-sainte Vierge si justement appelée la consolatrice des affligés, elle la pria de disposer selon ses désirs le cœur de sa mère, et d'y répandre une goutte de ce miel précieux dont le sien avait été tant de fois rempli. Rose, se ressouvenant alors d'un petit chapelet de corail, seul trésor qui fût en sa possession, voulut en faire agréer l'hommage à la mère des cieux, et elle s'empressa de le porter au sacristain de l'église Saint-Dominique, en priant ce dernier de le mettre au cou de la statue de N.-D. du Rosaire.

Le jour suivant, les vœux de Rose furent accomplis : s'étant donc rendue comme de coutume à la chapelle du Rosaire, elle vit avec surprise que ce chapelet était à la main de l'Enfant-Jésus; elle interrogea à cet égard le sacristain, qui lui affirma n'avoir nulle connaissance de ce changement. Ce fait extraordinaire fut pour notre sainte une preuve irréfragable que sa demande avait été favorablement accueillie. Elle ne put comprimer la joie dont son cœur était inondée, et les personnes présentes comprirent qu'elle venait de recevoir une grâce spéciale. Comblée de bonheur, elle alla trouver le Père Jean Laurenzana, qu'elle pria, ainsi que

Gonzalve et sa femme, de faire une dernière tentative près de Marie de Oliva. Ils adhérèrent à ses désirs et fixèrent pour cette démarche le jour de la Purification. A peine cette pieuse ambassade eut-elle exposé le souhait de Rose d'avoir une étroite cellule, que les obstacles s'évanouirent comme par enchantement, et celle qui naguère était hostile à son dessein, éclairée sans doute intérieurement, n'y opposa plus la moindre résistance.

C'est ainsi que Dieu se joue des cœurs, et les tourne à son gré comme la jeune fille tourne son fuseau. Quelle ne fut pas alors la joie de notre sainte?... En obtenant le consentement de sa mère, elle atteignait le but de ses plus chers désirs et goûtait d'avance des douceurs inexprimables. Elle pouvait véritablement s'unir à S. Siméon, et s'écrier avec lui :

Nunc dimittis... Il lui semblait que c'était à elle que s'adressaient ces paroles : *Sion, orne ta chambre nuptiale.*

Rien ne peut rendre l'impatience avec laquelle Rose attendit le point du jour pour faire commencer la construction de son oratoire chéri. L'excessive exiguité de ses dimensions l'aurait rendu plus semblable à un sépulcre qu'à autre chose, sans l'étroite fenêtre qu'il possédait. Son confesseur lui ayant fait quelques observations à ce sujet, elle lui répondit que cet espace serait assez grand s'il suffisait à Dieu.

Dès que Rose fut en jouissance de sa retraite tant désirée, sa ferveur acquit de nouvelles forces. Là, s'écoulaient pour elle les jours et une partie des nuits ; là, chaque heure était marquée par des exercices différents, là enfin, elle étudiait sans cesse son cœur, et s'efforçait de l'élever de plus en plus vers Dieu par la contemplation.

Une dame de Lima, remarquable par sa piété, eut dans ce même temps une vision. Rose lui apparut dans sa cellule sous la forme d'une brillante étoile, dont les rayons s'échappaient de toute part. Et en effet, cette belle capitale du Pérou ne possédait-elle pas dans ses murs une étoile qui invitait en secret les fidèles à visiter spirituellement le berceau du Sauveur ?

Rose passait souvent une partie de la nuit à admirer la voûte immense du ciel, si magnifiquement ornée. Elle ne pouvait s'arracher à ce majestueux spectacle, qui fortifiait et renouvelait son âme. La vue d'un ciel pur et étoilé lui semblait l'une des choses les plus propres à élever le cœur de la créature vers son Créateur.

Les personnes qui pouvaient juger de la ferveur admirable de Rose pendant la célébration des sacrés mystères lui témoignaient un jour leur étonnement de ce que, depuis qu'elle possédait son oratoire, elle se rendait moins souvent à l'église, et elles lui demandèrent comment son cœur si fervent se résignait à ne point assister chaque jour au saint sacrifice de la messe. Rose leur répondit avec douceur que le guide de sa conscience lui avait défendu de sortir sans sa mère, et que les occupations de cette dernière s'opposaient à ce qu'elle l'y accompagnât tous les jours. Elle ajouta que son divin Maître, dans sa puissance et sa miséricorde infinies, la transportait invisiblement aux pieds des autels où les saints mystères étaient célébrés.

Le lieu ombragé et humide où était situé l'oratoire champêtre de notre Sainte y attirait une infinité de petits moucherons. Ces insectes, si fâcheux par leur bourdonnement et leurs piqûres, s'y introduisaient en foule, et voltigeaient sans cesse autour de Rose sans lui faire le moindre mal, semblant avoir reçu un ordre suprême de ménager leur hôte.

Un jour, Marie de Oliva conduisit plusieurs dames pieuses dans sa cellule. A peine y furent-elles entrées, que ces petits importuns fondirent avec impétuosité sur elles, et les piquèrent cruellement. Etonnées de voir que Rose vivait continuellement avec eux sans jamais être atteintes, elles lui en firent l'observation, et celle-ci leur dit en souriant : « Nous nous sommes fait la « promesse mutuelle de ne pas nous nuire ; et jamais, « nous n'y avons manqué. Non-seulement nous vivons « en paix sous le même toit, mais nous chantons « ensemble les louanges du Seigneur. » En effet, dès que l'aurore commençait à luire, Rose se rendait à son oratoire. En y arrivant, elle s'adressait à ses petits compagnons, et leur disait : « Allons mes petits amis, « rendons gloire au Tout-puissant. » Aussitôt, unissant leur bourdonnement aux pieux chants de notre Sainte, ils ressemblaient à un chœur de musiciens entourant leur chef. Puis, elle leur ouvrait la fenêtre, et s'échappant dans la campagne pour y chercher leur pâture, ils ne revenaient qu'à la fin du jour près de la solitaire, et faisaient entendre alors une dernière fois leurs chants de concert avec elle. Un tel ascendant sur de si petits animaux était réservé à l'innocence.

La sœur Catherine du tiers-ordre de Saint Dominique, venant visiter Rose dans sa cellule, tua l'un de ces moucherons qui l'avait piquée. « Que faites-vous donc, ma chère sœur, lui dit-elle avec tristesse, vous donnez la mort à un de mes petits amis.— Dites à mon ennemi, reprit Catherine, puisqu'il vient de se rassasier de mon sang. « Que trouvez-vous donc d'étonnant « répliqua Rose, qu'un si petit animal re repaisse de « notre sang? Songeons plutôt aux merveilles qui « s'opèrent en notre faveur toutes les fois que notre « Créateur commun nous donne le sien en nourriture. « Cessez de nuire à mes compagnons, qui ne vous « feront désormais pas plus de mal qu'à moi. » Ces paroles de Rose se vérifièrent; et la même chose arriva pour Marie de Oliva, et la femme de Gonzalve.

La sœur Françoise de Montaya, du tiers-ordre de Saint-Dominique, visitant aussi notre Sainte dans sa cellule, y fut fort mal accueillie par un essaim de ces petits insectes, elle s'en plaignit à Rose, qui rapportant tout à Dieu jusque dans les moindres circonstances, lui répondit que trois fois encore, elle subirait leurs atteintes en l'honneur de la Très-sainte Trinité, mais qu'ensuite elle jouirait du privilége de vivre en paix avec eux, comme elle-même en avait fait l'expérience. Les trois dernières années de sa vie s'écoulèrent chez Gonzalve. Elle y vécut aussi retirée que dans sa cellule, et ses journées se passaient tantôt dans l'oratoire de la maison, tantôt dans sa chambre, où jamais les visites du dehors ne vinrent interrompre ses profondes méditations. A de rares intervalles, Rose obtenait la permission de retourner au domicile paternel, pour jouir encore de sa retraite favorite. La ferveur de son cœur lui faisait souvent déplorer de ne pouvoir se retirer au sommet d'une montagne, pour y passer sa vie dans quelque grotte ignorée loin d'un monde qu'elle voulait fuir. La solitude des ermites d'autrefois faisait l'objet de son envie, et elle soupirait en songeant aux déserts de Nytrie et de la Thébaïde, en imitation de sainte Catherine de Sienne, qui aussi pendant sa vie avait souhaité la solitude des déserts.

CHAPITRE XI.

FIANÇAILLES SPIRITUELLES DE LA BIENHEUREUSE ROSE AVEC N.-S. JÉSUS-CHRIST SOUS LA PROTECTION DE L'AUGUSTE REINE DES ANGES.

Rose savait que sainte Catherine de Sienne avait été spécialement choisie pour épouse par Notre Seigneur Jésus-Christ, et ainsi qu'on l'a vu, elle suivait avec empressement les traces de sa maîtresse séraphique ; mais pénétrée du plus profond mépris d'elle-même, elle se contentait de demeurer humblement à la suite du divin Epoux.

L'excessive humilité et la pureté vraiment angélique de Rose plurent aussi au Seigneur, et la faveur insigne d'une semblable union lui fut accordée par l'intercession de la reine des Anges, qui avait été sur la terre la Vierge par excellence, le plus parfait et le plus profond modèle de ces deux vertus.

D'après le témoignage de tous les directeurs de sa conscience, jamais pendant sa vie aucune faute même vénielle d'immodestie ne vint souiller son âme.

Dès l'âge de quinze ans, Rose se consacra entièrement à Notre Seigneur Jésus-Christ, et ce don d'elle-même fut le présage de la faveur qu'elle devait recevoir dans la suite; mais elle eut besoin de plusieurs prodiges pour s'en convaincre, à cause de sa profonde humilité.

Un jour, un papillon blanc et noir voltigeait autour

d'elle, et après avoir reposé un instant sur son cœur, il disparut, laissant son image empreinte sur sa robe.

Les jeunes filles qui travaillaient près d'elle ne comprirent point ce mystère. Rose seule se l'expliqua, et entendit le divin Epoux lui dire : « *Præbe mihi cor tuum.* »

Donne-moi ton cœur.

Les deux couleurs du papillon, qui étaient les mêmes que celles de l'habit de sainte Catherine de Sienne, révélaient à Rose qu'elle aussi le porterait un jour, et jouirait à son tour des mêmes prérogatives que son modèle bien-aimé. Toutes ces choses remplissaient de joie le cœur de notre sainte, et étaient comme le prélude de toutes les faveurs dont elle devait plus tard être comblée.

Le songe que nous allons rapporter renferme de pieux enseignements pour les âmes chrétiennes, qui peuvent être considérées comme des pierres destinées à l'édification de la Jérusalem céleste, et doivent travailler avec zèle et persévérance à l'œuvre du salut.

Notre-Seigneur Jésus-Christ daigna se montrer à Rose sous l'apparence d'un sculpteur, et récompensa la pureté et l'humilité de sa servante en lui faisant connaître intérieurement qu'il l'avait jugée digne d'être à jamais unie spirituellement à lui. A ces paroles, l'âme de notre sainte fut remplie de la joie la plus pure. Le divin Epoux lui fit voir des blocs de marbre, en lui enjoignant de les tailler et de les polir. Une autre fois il lui apparut de nouveau ; et Rose, confuse, avoua que ce travail était au-dessus de ses forces, ses mains n'étant accoutumées à manier que l'aiguille ou le fuseau, mais le Seigneur lui dit :

« Vous n'êtes pas la seule, ma fille, que j'occupe à
« cette œuvre pénible. » Puis il lui montra un grand
nombre de jeunes vierges, qui, le marteau à la main,
s'acquittaient de ce travail, et amollissaient la dureté de
ces pierres en les arrosant de leurs larmes. Rose
remarqua avec surprise au contraire que les vêtements
de ces vierges, loin d'être ternis, brillaient du plus vif
éclat. Elle comprit alors le sens mystérieux de cette
vision, et reconnut l'image de la vertu surmontant courageusement les plus grandes difficultés, en demeurant
toujours pure au milieu de la corruption du monde.

Cette vision, comme on va le voir, n'était que le
présage de ce qui devait arriver plus tard.

Le dimanche des Rameaux suivant, Rose fut oubliée
dans la distribution des palmes que l'on fit à tous les
fidèles. Le cœur péniblement affecté, elle suivit la
procession, puis vint reprendre sa place chérie à l'autel du Rosaire. Ainsi qu'il arrive souvent aux âmes
timorées, elle se demandait si elle ne s'était point
rendue coupable de quelque faute. Humblement prosternée aux pieds de la Sainte Vierge, et baignée de
larmes, elle lui ouvrit douloureusement son cœur.
Levant alors les yeux vers cette consolatrice des affligés, il lui sembla qu'elle la regardait avec bonté, et ses
cruelles alarmes firent place à la joie la plus pure.

Rose s'adressant à la Reine du ciel, lui dit : « C'est
« peu qu'une main humaine m'ait refusé une palme
« fragile. Si j'ai votre suffrage, ô Vierge sainte, mon
« bonheur est ineffable, et je n'ai plus rien à désirer
« sur la terre. » Tournant alors ses regards vers l'enfant Jésus, il se passa quelque chose de si extraordinaire dans son âme, qu'elle comprit qu'à l'intercession

de la très-sainte Vierge, N.-S. Jésus-Christ daignait l'admettre au nombre de ses fidèles épouses. Comblée de la plus vive allégresse, notre sainte rendit de ferventes actions de grâces à celui qui l'avait favorisée d'une façon si spéciale, et ses élans d'amour tout séraphiques se joignirent aux chœurs des Anges qui chantent éternellement dans le ciel gloire au Seigneur.

Dans un moment de transport, elle crut entendre la voix du divin Enfant lui dire : « *Rosa cordis mei, tu « mihi sponsa esto.* » *Rose ma bien-aimée, sois à jamais mon épouse.*

Cependant un combat intérieur s'élève dans son âme, mille pensées diverses se présentent à son esprit. Tantôt craintive et troublée, en considérant son néant, d'autres fois comme environnée d'un océan de délices, Rose répète dans les sentiments d'une humilité profonde ces admirables paroles de la Vierge auguste : « *Ecce ancilla Domini, ecce (inquit) ancillam, ecce « mancipium tuum, o Rex majestatis æternæ, tua sum, « tuum me profiteor, tua ero.* »

Dès lors les ardeurs du divin amour embrasèrent son cœur, et enrichirent son âme des dons les plus précieux.

Interrogée un jour sur ces effets si admirables de la grâce, Rose répondit modestement que la faiblesse de ses paroles était insuffisante pour exprimer ce qu'elle ressentait. L'esprit rempli des choses surprenantes qui venaient de se passer, Rose rentra sous le toit paternel, et, gardant le secret sur les faveurs qu'elle venait de recevoir, elle témoigna à son frère le désir de se procurer un anneau. Celui-ci lui en fit le dessin ayant au milieu l'image de l'enfant Jésus, avec cette inscription : « *Rosa cordis mei, tu mihi sponsa esto.* »

Rien ne saurait rendre la surprise de Rose en lisant ces paroles. Elle seule avait connaissance de ce fait; il fallait donc que la main de son frère fût guidée par une impulsion divine.

La sainte quarantaine s'avançait rapidement, et bientôt elle allait expirer, lorsque Rose fit tant d'instances auprès du sacristain de Saint-Dominique, qu'elle obtint de lui ce qui à ses yeux était une grande grâce : elle obtint, disons-nous, qu'il plaçât son anneau dans le lieu où devait être déposé, comme il est d'usage le Jeudi Saint, le corps de notre divin Sauveur ; et lorsque cet anneau fut rendu à notre sainte, elle le reçut avec bonheur, sanctifié qu'il était par les trois jours qu'il avait passés près de l'objet sacré de nos profondes adorations.

Après la mort de Rose, son anneau et le peu de meubles qui lui avait appartenu restèrent en la possession de Marie Uzategui.

Au mois de février de l'an 1618, un homme remarquable par son éminente piété, après avoir touché la cruelle couronne que Rose avait portée pendant sa vie, considérant cet anneau, et l'ayant pris avec transport, sentit augmenter en lui les sentiments de ferveur que lui avait déjà fait éprouver la couronne. Son âme fut pénétrée de la joie la plus vive, les attraits divins, les lumières extraordinaires et les ardeurs de l'Esprit-Saint, dont notre sainte avait été elle-même favorisée, se communiquant à son cœur, il s'écria, éclairé sans doute d'en-haut : « Béni soit le Seigneur qui s'est » montré si admirable dans la personne de Rose.....

« louanges à la Très-Sainte-Trinité, devant laquelle
« Rose est prosternée avec les habitants du ciel. Rose
« chérie, Rose choisie, Rose si candide, vous êtes
« grande, sublime, glorieuse, resplendissante dans
« l'armée triomphante des saints. »

Quelle ne dut pas être la puissance de cet anneau dans la propre main de notre sainte, lorsque nous le voyons produire un tel effet sur une personne étrangère !

Nous allons essayer de décrire un peu plus au long quelques-uns des effets surprenants qu'il produisit dans cette circonstance sur le pieux serviteur de Dieu dont nous venons de parler.

Lorsqu'il eut pris dans sa main cet anneau, il se sentit comme pétrifié et réduit à un état de complète immobilité. Son cœur et sa langue seuls, demeurés libres, sentaient et exprimaient les suavités célestes dont son âme était remplie ; tandis que sa main contractée pressait violemment l'anneau, son cœur, disons-nous, palpitait avec force, vivement ému de ce qu'il ressentait.

Marie Uzategui, témoin de ces faits merveilleux, voulut que Gonzalve jouît à son tour d'un aussi admirable spectacle, il vint donc et s'approchant de celui qui était l'objet de ce prodige, il s'inclina devant lui, et fut frappé de son impossibilité absolue de se mouvoir ; mais, nous le répétons, son cœur et sa bouche libres de toute entrave, il s'écria :

« O quelles divines flammes, quelle ferveur, quelles
« suavités inondent mon cœur !... O quelles délices,
« ô quels irrésistibles liens retiennent mon âme en-
« chaînée !... »

Gonzalve, poussé par le désir de féliciter son hôte des effets prodigieux qui se produisaient en lui, et ému aussi de compassion à la vue de cette force extraordinaire qui agissait avec tant de puissance sur sa personne, Gonzalve, donc, triste et heureux tout à la fois de ce qu'il voyait et entendait, demanda que cet anneau, sujet de tant de joies et de tourments, fût ôté de la main de celui qu'il retenait ainsi captif. Cet homme fit comprendre qu'il y consentait; mais sa main violemment contractée ne pouvait s'ouvrir. Enfin, il soupira profondément; puis, son bras naguère immobile et sans force se mouilla d'une sueur froide, et recouvra peu à peu, comme toute sa personne, le mouvement et la liberté; se séparant alors de cet anneau vraiment miraculeux, il perdit avec lui les ineffables joies qu'il lui avait fait goûter; et sur le point de s'éloigner de Gonzalve et de sa famille, il exprima le désir que le silence fût gardé sur ce qui venait de se passer.

CHAPITRE XII.

PAR SON APPLICATION CONTINUELLE A L'ORAISON, ROSE PARVIENT A LA PLUS MERVEILLEUSE UNION AVEC DIEU.

Si celui qui s'attache au Seigneur devient en quelque sorte un même esprit avec lui, on peut apprécier justement le degré de perfection qu'atteignit Rose sous ce rapport. Dès ses plus jeunes années, elle fut favorisée des grâces les plus spéciales par l'Esprit-Saint. La ferveur de son cœur était telle, que souvent pendant son sommeil on l'entendait réciter les petites prières qu'elle savait. Sa piété croissait chaque jour avec son âge, et elle devint bientôt si habile dans la pieuse coutume d'élever son âme vers Dieu par la contemplation, qu'à douze ans à peine elle était parvenue au degré extraordinaire d'oraison appelée unitive par les théologiens. Rose en pratiquait deux espèces; l'une en recueillant toutes les facultés de son âme pour prier; l'autre en tenant son cœur uni à Dieu pendant le cours de ses occupations journalières; en un mot elle ne perdait jamais sa présence.

Soit qu'elle fût à l'église, dans sa cellule ou au sein de sa famille, en lisant, en travaillant, partout et toujours, elle mettait la plus scrupuleuse attention à sanctifier ses moindres actions.

Bien que son esprit fût sans cesse occupé des choses

du ciel, jamais aucun de ses devoirs n'était négligé. Jamais non plus ses occupations extérieures n'en souffraient. Sa conversation était aisée et elle répondait à tout avec justesse.

Chaque jour Rose disposait ce qu'elle avait à faire ; puis, s'en acquittait avec ordre, facilité, attention et promptitude. Elle avait sans doute recueilli de semblables exemples dans la vie de sainte Catherine de Sienne. Elle avait vu que cette sainte, réduite par ses parents aux plus humbles soins du ménage, s'était construite au fond de son cœur une retraite dans laquelle jamais les choses du dehors ne purent pénétrer. Tout en remplissant les devoirs de la vie commune, Rose jouissait des communications les plus douces et les plus intimes avec le céleste Epoux.

Lorsqu'elle travaillait, il lui arrivait souvent, en levant son fil, d'élever en même temps son cœur vers Dieu, puis, tout en se maintenant dans la divine présence, et loin d'être distraite dans son ouvrage par ses pieuses pensées, elle faisait son point avec toute l'exactitude possible. L'attitude recueillie de Rose à l'église attirait l'admiration générale. Les jours de fête où l'affluence était grande, elle se retirait dans un lieu à l'écart d'où elle pût voir l'autel et demeurait pendant plusieurs heures immobile et si profondément absorbée dans la prière, qu'elle ne s'apercevait de rien de ce qui se passait autour d'elle et était semblable à l'aigle qui fixe le soleil d'un œil assuré.

Prosternée devant Dieu dans la chapelle du Rosaire ou dans son oratoire, cette jeune vierge demeurait parfois des jours et des nuits dans l'immobilité la plus complète. Lorsqu'elle se rendait de bonne heure dans une église pour y adorer le Très-Saint-Sacrement ou pendant les prières des quarante heures, elle y restait souvent jusqu'au soir, et sans avoir pris aucune nourriture, abîmée qu'elle était dans la contemplation. Lors de son séjour chez Gonzalve, Rose se retirait dans l'oratoire de la maison le vendredi et y demeurait jusqu'au dimanche matin en oraison.

Si sa mère lui demandait pourquoi elle se séquestrait ainsi, elle répondait simplement que lorsqu'elle était devant Dieu il ne dépendait plus d'elle de s'arracher aux douceurs ineffables qui inondaient son âme.

Trois fois par jour, le matin, à midi et le soir, Rose s'attachait particulièrement à considérer la bonté infinie de Dieu et à admirer sa puissance et cette même bonté envers elle. Sans cesse elle trouvait un nouveau sujet d'exprimer sa reconnaissance au Seigneur, et dans ce genre d'oraison si relevé, considérant tous les glorieux attributs de Dieu, les lumières célestes qui éclairaient son cœur lui faisaient aisément comprendre le culte de *latrie*.

Elle demanda à plusieurs ecclésiastiques de lui procurer la nomenclature des attributs donnés à Dieu dans les livres saints ; et elle en recueillit cent cinquante, qu'elle disposa par dizaines, à la fin desquelles fut ajouté par elle le *Gloria Patri* et le *Sicut erat*. Cette formule de prières lui semblait être la terreur du démon et touchait tellement son cœur, qu'elle s'en servait pendant son travail pour donner à chaque point qu'elle faisait un nouvel éloge au Seigneur.

Les personnes qui vivaient dans l'intimité de notre sainte avaient remarqué que ses discours familiers renfermaient en même temps une sorte de prière, et présentaient souvent deux significations. Un jour, que se promenant avec plusieurs dames pieuses, l'une d'elles louait les travaux pénibles du jardinier, Rose s'écria avec joie : « Ce jardin est beau, Dieu y multiplie les fleurs. » Alors que rentrant une fois de l'église, elle voulait faire tiédir de l'eau pour y tremper un peu de pain, elle alla chercher du feu dans une maison voisine et apercevant un petit oiseau qui chantait sur un balcon, elle s'arrêta pour l'écouter. Quoi, se dit-elle en faisant un retour d'humilité sur elle-même, ce petit être oublie sa nourriture pour louer son Créateur et le mien ? il a reçu bien peu de faveurs de l'auteur de la nature et il le loue de toutes ses forces et de tout son cœur : et moi, abîme d'ingratitude, je m'occupe de moi-même, sans songer à rendre grâces à Dieu pour tous les bienfaits dont il ne cesse de me favoriser chaque jour... Puis, continuant ainsi à bénir le Seigneur, elle demeura en adoration jusqu'au soir.

L'usage de l'oraison était d'un prix infini aux yeux de Rose, et elle le recommandait avec instances aux personnes qui avaient quelques rapports avec elle. Son frère recevait sans cesse de sa part de salutaires conseils à ce sujet, et elle lui faisait sentir les fruits abondants qu'il pourrait en retirer, en l'engageant à tenir son cœur élevé vers Dieu pendant les occupations de la vie ordinaire ; mais celui-ci, peu avancé qu'il était dans les voies spirituelles, répondait que cette tâche excédait ses forces ; et que les raisons que Rose lui donnait pour lui en aplanir les difficultés n'étaient que de vains rêves et des puérilités inutiles.

Notre sainte affectionnait particulièrement les œuvres du Père de Grenade sur l'oraison mentale, qu'elle considérait comme la pratique la plus salutaire à l'âme chrétienne. Elle avait aussi une grande dévotion pour la récitation du rosaire, donné, comme on le sait, à saint Dominique par la mère de Dieu elle-même. Considérant à chaque dizaine les mystères de notre rédemption, Rose trouvait réunie dans cette prière les oraisons vocale et mentale, et portant toujours son rosaire à son bras, il lui était facile d'en réciter une grande partie à l'insu de ceux qui vivaient avec elle.

L'union si remarquable de Rose avec son Créateur et la ferveur qui remplissait son âme étaient comme un parfum dont la suavité s'exhalait autour d'elle, et les objets privés de sentiment, les arbres, les fleurs, toute la nature enfin, voulait à son exemple s'incliner devant le Dieu digne de toute louange.

Dès la pointe du jour, et alors que prenant le chemin de sa cellule, notre sainte arrivait à la porte du jardin, elle faisait appel à la nature entière, et l'invitait en ces termes à rendre gloire à Dieu : « Que tout « ce qui est créé glorifie le Seigneur. » Aussitôt, le doux murmure des feuilles, le balancement des branches s'abaissant jusqu'à terre, le frémissement des moindres plantes, tout en un mot, s'unissait à Rose pour rendre hommage au Créateur.

Un jour qu'une dame pieuse se rendait avec notre sainte dans sa cellule, ce fait inouï se produisit à ses yeux. Elle vit avec une surprise inexprimable ces arbres dont nous venons de parler s'incliner profondément. Voisins de l'ermitage de la fervente solitaire, ils semblaient avoir reçu un degré d'intelligence extraordinaire qui leur permettait de la comprendre, et vouloir s'unir sur la terre aux adorations que celle-ci faisait par avance avec les anges dans le ciel.

Rose ne s'émut point de ce fait prodigieux, qui d'ailleurs ne s'offrait pas pour la première fois à ses regards. Elle se contenta de répondre à sa visiteuse stupéfaite : « Voyez, quelles profondes adorations nous
« devons à cette majesté divine, au créateur de toutes
« choses, dont les moindres ouvrages attestent à l'envi
« et la puissance et la bonté. »

Sur la fin de la vie de Rose, et pendant toute la durée du dernier carême qu'elle passa sur cette terre d'exil, chaque matin un petit chanteur ailé au gosier flexible venait se poser sur un arbre voisin de sa chambre. Là, il attendait qu'elle lui donnât le signal de commencer ses chants; puis, il s'établissait entre le petit musicien et sa maîtresse un dialogue ravissant, ou tantôt se faisait entendre et les accents tous séraphiques de notre sainte et aussi les éclats doux et sonores de son élève. Le plus parfait accord régnait entre eux, et aussitôt que l'un se taisait, l'autre prenait sa place. Rose s'adressait à son petit chanteur à peu près dans ces termes :

« Petit Rossignol, chantre savant des airs, unis tes
« joyeux concerts à ma voix. Ouvre ton petit bec, dilate
« ton gosier flexible et fais entendre tes mélodieux ac-
« cents. Donne l'essor à ton chant brillant et pur, et
« avec moi loue le Seigneur. Il est ton créateur et le
« mien, mon Sauveur, notre Dieu à tous. Fais vibrer
« les plus belles cordes de ta voix si claire et si suave,
« unissons-nous, et tour à tour louons le Seigneur
« toujours..... »

CHAPITRE XIII.

ROSE EST CRUELLEMENT TROUBLÉE PAR DES VISIONS ET RESSENT TOUTES LES HORREURS DE L'ENFER.

Les justes sont éprouvés et épurés par la tribulation, comme l'or dans la fournaise, de peur que l'orgueil ne pénètre dans leurs cœurs. Notre sainte nous en fournit un nouvel exemple ; car ayant imploré le secours du ciel dans ses angoisses, elle reçut cette réponse : « Ma grâce te suffit, car la vertu s'augmente par la tribulation. »

Après être parvenue au plus haut degré d'union avec Dieu, Rose commença à éprouver des intervalles de tristesse et de trouble. Ses souffrances étaient parfois si horribles, qu'elle se croyait déjà plongée dans les ténèbres qui environnent les pauvres âmes du Purgatoire. Alors il ne lui restait plus nul souvenir de la bonté de Dieu, et elle avait perdu le goût de sa présence. Elle se trouvait comme dans un abîme de doutes et d'obscurités, et pour ainsi dire dans les régions de la mort. Dieu s'était éloigné de notre sainte et tout espoir lui semblait perdu. Accablée sous le poids de ses maux, la gémissante Rose était sans force et demeurait immobile et glacée. Elle se souvenait obscurément et comme à travers un nuage d'avoir aimé Dieu, mais elle sentait que ce temps était passé, et croyait être bannie à jamais de la présence de celui qui avait été l'unique objet de son amour. Quelquefois elle tâchait de le retrouver par analogie dans ses créatures, mais ses efforts étaient vains, et rien ne lui rappelait plus l'image de son Dieu. Au milieu des terreurs qui l'accablaient, son cœur brisé redisait ces paroles de N.-S. Jésus-Christ : « Mon Dieu, mon « Dieu, pourquoi m'avez-vous abandonné ! » Mais il n'y avait plus d'écho dans cette âme défaillante, et aucune voix ne lui répondait. Son esprit était endormi et son âme sans force. Une profonde léthargie s'était emparée de toutes les avenues de son cœur. Que pouvait faire Rose en proie à de si horribles tourments, et se croyant abandonnée de Dieu ?.... Elle était poursuivie par la pensée que ses douleurs devaient durer toujours, et ne voyait aucune issue à cet horrible labyrinthe. Une seule consolation lui restait, celle que de telles souffrances devaient infailliblement miner son existence, et qu'une prompte mort viendrait les faire cesser ; mais ce triste espoir s'évanouissait bientôt en songeant à l'immortalité de son âme, dont les maux ne finiraient jamais. Des gémissements douloureux s'échappaient quelquefois du cœur de Rose, mais elle les comprimait aussitôt, à la réflexion que nul être humain n'était capable de la secourir. Pendant quinze ans elle fut ainsi martyrisée chaque jour. A peine avait-elle perdu le souvenir de ce qu'elle avait souffert la veille, qu'une épreuve nouvelle se présentait ; et l'infortunée, environnée d'abîmes, désespérait d'être jamais délivrée. Dans un trouble inexprimable, le cœur de notre sainte errait autour de la lumière. L'âme contristée, elle s'adressait en gémissant au Seigneur, et n'en était point entendue. Ses forces l'abandonnaient, et son cœur ne savait *plus* aimer. Enfin, ne pouvant supporter tant d'angoisses, elle prononçait en pleurant ces paroles du Sauveur : « Que ce calice d'amertume s'éloigne de moi. »

Rose demandait à Dieu de fermer pour elle cet abîme sans fond, et de la conduire par les voies ordinaires que suivent les élus. Si la séparation de l'âme et du corps est cruelle, combien doit être plus dur encore de se voir arracher à son bien-aimé, après avoir joui si abondamment de ses ineffables douceurs ! Selon S. Augustin, Dieu est au corps et à l'âme ce que l'âme est au corps ; et il est plus pénible d'être privé de l'amour divin que de la vie. Rose connaissait bien cette vérité, et répétait avec une force vraiment héroïque ces paroles du Sauveur : « *Non mea voluntas fiat, sed tua.* » C'est ainsi que notre sainte préparait ses armes, ne sachant à quel instant du lendemain devait sonner pour elle l'heure du combat.

Dans ces luttes incessantes, et au milieu de ces maux qui chaque jour devenaient plus intolérables, il parut nécessaire à Rose d'avoir l'avis de quelques théologiens éclairés et prudents ; et elle consulta plusieurs de ses directeurs, en leur demandant sinon un adoucissement à ses peines, au moins le secours de leurs conseils. Aucun d'eux ne put percer le voile de ce mystère, que cependant elle s'efforçait de leur expliquer. Les uns attribuaient l'état de son âme à des illusions de l'esprit ; les autres à des fantômes produits par le démon ou qu'on pouvait considérer encore comme l'effet du vide d'un cerveau affaibli par les jeûnes et les veilles. Et Rose, consternée de ne trouver personne qui pût la comprendre et faire renaître l'espérance dans son cœur, se reprochait à elle-même de ne pas s'expliquer assez clairement.

Jusqu'alors les tourments de Rose avaient échappé à la vigilance maternelle ; mais bientôt Marie de Oliva s'aperçut du changement visible de sa fille. Quelquefois cette dernière était d'une pâleur effrayante, dans d'autres moments elle devenait glacée, et une sueur froide inondait son front. Sa mère inquiète lui demandait pourquoi elle s'efforçait ainsi de tenir caché un mal si subit et si extraordinaire. A ces paroles, Rose répondait tristement qu'il lui était impossible d'exprimer ce qu'elle ressentait.

Marie de Oliva, vivement alarmée, réclama le secours de la médecine, sans tenir compte des protestations de Rose, qui assurait que son mal était seulement moral. Cette dernière ne s'en soumit pas moins avec une résignation angélique aux prescriptions de lart, qui ne firent qu'augmenter ses souffrances, et dont elle savait d'avance l'inutilité. Bien qu'elle les dissimulât avec soin, il lui arrivait quelquefois d'être contrainte à les avouer, et elle s'écriait : « Le feu ma-
« tériel que nous avons sous les yeux, et dont nous re-
« doutons les terribles effets, n'est rien en comparaison
« de mes douleurs, car ce feu n'agit que sur le corps. »

S. Augustin, alors qu'il se trouva éloigné de Dieu, a parfaitement exprimé le sentiment de Rose : « *In regione dissimilitudines; dans un pays tout à fait étranger.* » David aussi ressentait quelque chose de semblable, qu'il définissait par ces paroles du psaume 54 : « *Pusillanimitatem spiritus et tempestatem;* » *la défaillance de l'esprit et une sorte de tempête*; il en était de même de ce que S. Paul appelle une « *séparation complète du Christ. Anathema à Christo.* »

Les paroles de ces saints personnages se vérifiaient dans la personne de Rose, qui assurait que les terreurs et les souffrances horribles dont elle était accablée auraient dû causer mille fois sa mort, si la toute-puissance de Dieu ne l'eût soutenue. Le Seigneur voulait sans doute élever sa servante vers lui, en la faisant marcher dans les voies difficiles et presque insurmontables du grand saint Antoine.

Le bienheureux Henri Suzon parle dans ses ouvrages de semblables tourments ressentis par sainte Catherine de Sienne. Son âme désolée se croyait réprouvée de Dieu. Les gouffres de l'enfer lui apparaissaient s'entr'ouvrant pour la recevoir ; et elle croyait entendre N.-S. Jésus-Christ lui adresser ces paroles terribles : « Allez maudits !... »

Dans sa détresse, l'infortunée Rose répétait souvent celles-ci : « Les douleurs de l'enfer m'ont environnée, « et les filets de la mort se sont saisis de moi. »

De même que le soleil dissipe les nuages, de même aussi après une si cruelle et si douloureuse éclipse, le céleste Époux daigna récréer et fortifier l'âme abattue de sa servante. N'étant pas maîtresse de cacher la joie qui inondait son cœur, Rose avoua avec la candeur ingénue de son âme, et autant que la faiblesse de ses paroles le lui permirent, que Dieu avait jeté sur elle un regard de bonté en changeant ses pleurs en joie, et qu'elle était favorisée de nouveau des douceurs ineffables qu'elle croyait perdues sans retour.

Admirons ici l'éternelle sagesse, qui sait faire recueillir des fruits abondants aux âmes qu'elle a choisies. Il afflige, il console, il conduit dans les enfers et en ramène.

CHAPITRE XIV.

ROSE EST SOUMISE A L'EXAMEN DES DOCTEURS.

La voie étroite et peu fréquentée dans laquelle Rose marchait depuis son enfance indiquait assez qu'elle était dirigée par l'Esprit de Dieu. Cependant son excessive humilité lui inspirant des doutes à cet égard, elle désira que son esprit et sa vocation fussent soumis à l'examen des docteurs.

Ce soin fut donc confié au docteur de Castillo, qui exerçait la profession de médecin, au Père Jean Laurenzana et à plusieurs autres de ses confesseurs. Le premier avait les connaissances les plus étendues, et jouissait de la considération générale. Il se faisait remarquer dans la célèbre école de Lima où se réunissaient pour l'étude de la philosophie et de la médecine les hommes les plus instruits de la ville, et il y brillait surtout par la clarté avec laquelle il expliquait les choses les plus obscures. Le célèbre Jésuite Alvarez de Paz témoigna de la confiance que lui inspirait ce docteur, en le consultant souvent lorsqu'il s'occupait de ses œuvres savantes sur la prière et la contemplation. Ce même docteur de Castillo fit paraître aussi un traité admirable des lumières qui se rencontrent dans la contemplation; et dès que le Jésuite que nous venons de nommer en eut pris connaissance, il le trouva par son mérite digne d'être offert au Souverain Pontife.

Parlons maintenant du Père Jean Laurenzana, de ce prêtre remarquable qui eut tant de droits aussi à l'admiration de ses concitoyens. La pureté de sa vie, la profondeur de ses connaissances en théologie, son étude de la contemplation, son zèle et son talent à diriger les âmes, la force et la perspicacité de son esprit et la maturité de son jugement le faisaient considérer comme un oracle. Ce Père remplit avec talent les fonctions les plus honorables, et chacun recourait avec confiance à ses lumières dans les cas difficiles. C'était surtout dans les choses de l'ordre mystique qu'il se surpassait. Quelle connaissance approfondie du cœur humain ! quelle habileté dans la contemplation ! quelle sagacité et quelle délicatesse dans le discernement des esprits ! certes, quand tout autre juge aurait fait défaut, l'opinion seule de ce saint homme eût suffi, puisque, guidant depuis longtemps les pas de Rose vers la perfection, il possédait une entière connaissance de son âme, dont il avait sondé les replis avec une sagacité admirable.

Les autres examinateurs de notre sainte, furent : le père Diego Martinez, Jésuite, Alphonse Velasquez, Louis de Bilbao et Jean Perez, tous, non moins dignes d'éloge que ceux dont nous avons parlé plus haut. La mère de Rose, et Marie Uzategui, étaient admises à l'examen, qui dura plusieurs heures.

Le docteur de Castillo adressa un grand nombre de questions à Rose ; et après cette investigation, il déclara qu'elle était parfaitement saine d'esprit, il commença par lui demander à quelle époque de sa vie elle s'était sentie portée à l'oraison. Rose répondit que depuis sa première enfance son cœur s'était élevé lui-même vers le Seigneur ; et que rien ne lui avait jamais paru plus doux que de parler à Dieu et de penser à lui. Il lui demanda si elle avait toujours prié avec facilité, application, recueillement et liberté d'esprit. Rose répondit que jusqu'à l'âge de douze ans il s'y était rencontré pour elle quelques difficultés, et qu'elle avait eu parfois à lutter contre le sommeil ; mais que depuis, l'oraison lui était devenue facile. Qu'elle sentait que le charme inexprimable de la divine beauté était profondément imprimé dans son entendement, dans sa mémoire, dans toutes les puissances de son âme, et que rien ne pouvait la distraire un instant de l'admiration et de l'amour que son cœur ressentait pour Dieu. — Le docteur lui demanda s'il y avait de sa part beaucoup de travail d'esprit. — Rose répondit qu'elle était irrésistiblement attirée vers Dieu dont la présence remplissait son cœur d'une ineffable joie ; et qu'ainsi enivrée de son amour, elle demeurait insensible à tout autre bonheur — le docteur lui demanda si elle avait lu certains livres de théologie dans lesquels se trouvent des dissertations où sont expliquées avec détail les choses concernant ce sujet. — Rose répondit qu'elle n'avait jamais eu de semblables ouvrages entre les mains; que son expérience avait été son seul code, et qu'il lui était impossible d'exprimer les sentiments de son âme. — Ce genre d'oraison, lui dit le docteur, est appelé par les maîtres de la vie spirituelle, oraison unitive; là, sans faire aucun effort pour demander, l'esprit est instruit et formé par la lumière d'en haut ; il ne se laisse pas abuser par des fantômes matériels, et n'est occupé que de la pureté lumineuse et de la beauté spirituelle. C'est là que Dieu répand abondamment dans l'âme fidèle les choses saintes ; c'est là enfin que la partie affective de l'amour est embrasée, et que Dieu donne aux âmes choisies un avant-goût des éternelles félicités. Puis, le docteur ajouta quelques éclaircissemeuts précieux qui devaient faciliter les explications de Rose, il lui demanda si elle avait eu des combats à soutenir pour vaincre les mauvaises inclinations du cœur, et de quels moyens elle s'était servie. — Rose répondit que dès son enfance, et par une faveur toute spéciale de Dieu, elle avait eu une propension naturelle à la vertu ; et que si quelquespensées coupables s'étaient involontairement présentées à son esprit, l'horreur du péché qui remplissait son cœur, et aussi l'idée de la présence de Dieu avaient toujours suffi pour l'en délivrer. — Il lui demanda si jamais les consolations venant des créatures n'avaient été un adoucissement pour son âme fatiguée par la contemplation. — Rose répondit que jamais les choses créées n'avaient eu le pouvoir de lui procurer aucune jouissance. Que le seul véritable bonheur pour elle était la certitude de la présence de Dieu dans son cœur ; et qu'alors qu'il lui était arrivé de perdre pour un instant le sentiment de cette précieuse présence, la douleur qu'elle en ressentait surpassait tous les tourments de l'enfer. — Le docteur lui demanda si dans les choses extérieures de la vie, elle n'avait point été en but aux chagrins et aux persécutions. — Rose fit un signe affirmatif ; mais par respect pour sa mère qui était présente, elle n'entra dans aucun détail à ce sujet ; et se contenta de dire d'une manière générale, qu'elle avait eu beaucoup de peines à supporter ; puis elle désira être éclairée à l'égard de ces visions

horribles, et de ces terreurs, dont il a été parlé au chapitre précédent ; et elle pria le docteur de lui en expliquer l'origine et la nature, il s'exprima donc ainsi :
« Lorsque dans vos horribles tourments, il vous restait
« l'espérance d'en voir un jour la fin, vous participiez
« aux peines cruelles des âmes du purgatoire, qui ce-
« pendant doivent avoir un terme ; mais quand au
« contraire, vous aviez perdu tout espoir d'en être dé-
« livrée, c'était la véritable image de l'enfer : par ces
« peine cruelles, l'âme apprend à se connaître vérita-
« blement, elle voit avec clarté que le bien ne vient pas
« d'elle, mais de Dieu seul ; par là, encore, l'esprit se
« maintient dans l'humilité, et ne s'élève point comme
« il y aurait lieu de le craindre, s'il était favorisé des
« dons célestes. Dans ces moments, où la lumière di-
« vine semble s'éclipser, les âmes apprennent à appré-
« cier à sa juste valeur l'excellence et l'honneur pure-
« ment gratuits de la communication intime avec Dieu ;
« et elles sont pénétrées d'une crainte salutaire. C'est
« là que l'or est éprouvé dans la fournaise ; que la
« charité brille avec éclat ; que l'amour prend des
« forces, et possède même une force héroïque. C'est
« là, enfin, que les âmes s'habituent à ne pas tant
« aimer les douceurs de Dieu que Dieu lui-même.
« Souvenez-vous que ceux d'entre les saints, qui ont
« été l'objet de ses plus grandes faveurs, ont éprouvé
« mêmes choses que vous, il s'en trouva parmi eux qui
« demandèrent à Dieu de vouloir bien les délivrer de
« leurs horribles tourments, se soumettant d'ailleurs
« à tout autre genre de peines qu'il voudrait leur in-
« fliger. » David était dans ce sentiment lorsqu'il disait : « On me dit chaque jour, où est votre Dieu ?

« Mon âme est comme le passereau solitaire sur son
« toit, mon âme est réduite au néant. » Le docteur,
poursuivant alors ses investigations, engagea Rose à
s'expliquer sur ce qu'elle avait souffert pendant le
cours de ses épreuves. A ces paroles, notre sainte frémit d'horreur ; mais le docteur insista, en lui disant :
« O Rose, ne gardez pas le silence, le moment est venu
« de parler des choses qui vous sont personnelles ; et
« si, par malheur, vous usiez de la moindre dissimula-
« tion, elle vous priverait des grâces et des lumières
« divines qui vous sont nécessaires pour avoir une
« connaissance exacte de ces énigmes. »

L'humble Rose se rendit enfin, et après avoir réclamé l'indulgence de ses juges, elle s'exprima en ces termes : « Lorsque je suis plongée dans ce profond
« abîme de ténèbres et d'abandon, je gémis triste-
« ment, puis je me trouve tout à coup favorisée de
« cette parfaite union dont je jouissais autrefois; et le
« bonheur que j'éprouve auprès du céleste Epoux me
« fortifie tellement, que je ne crois plus devoir retom-
« ber. Les mouvements de l'amour divin qui se font
« alors sentir à mon cœur sont semblables à des
« fleuves rapides qui brisent toutes les digues; ils
« ne coulent pas doucement, mais se précipitent en
« cataractes avec impétuosité. Bientôt après, souffle le
« vent calme et tranquille de la grâce ; les parfums
« s'exhalent ; mon âme est délicieusement inondée par
« cette mer immense de la bonté de Dieu ; et aussi par
« cette métamorphose elle se quitte elle-même, et se
« trouve merveilleusement transformée en son bien-
« aimé, pour ne plus faire qu'un avec lui. Pendant la
« durée de ces faveurs de l'étroite union avec Dieu, il

6

« me semble que je suis immobile; et, si je puis parler
« ainsi, je crois en quelque sorte avoir pris racine
« près de lui pour jouir de ses grâces, et ne devoir
« jamais faillir. C'est alors que je puis dire avec vérité
« ces paroles de S. Paul : « Qui me séparera de l'a-
« mour de N.-S. Jésus-Christ. »

Rose ajouta : « J'ai toujours gardé au fond de mon
« cœur ces choses étonnantes, et si j'en parle aujour-
« d'hui, c'est parce que j'y suis contrainte par mes
« juges. Qu'ils veuillent donc bien me reprendre, dans
« le cas où je ne me serais pas exprimée d'une façon
« convenable. »

Le docteur loua la simplicité de Rose, et après
l'avoir rassurée à cet égard, il l'engagea à continuer.

Rose se recueillit, et chercha les expressions les
plus propres à rendre la vision qu'elle avait eue de
l'humanité de N.-S. Jésus-Christ et de sa divinité,
puis, elle entreprit de l'expliquer, en se servant des
termes d'éloignement, de hauteur, de largeur et de
grandeur; et ajoutant que cette lumière est sans figure,
sans mesure et sans fin. Que cette vision purement
intellectuelle est celle d'un être que rien ne peut
contenir, et qui contient tout. Subtil, immuable, très-
pur, infiniment multiple, et l'unité par essence, infiniment éloigné, et infiniment intime à nos âmes. Rési-
dant au fond de notre cœur, et nous environnant tout
à la fois. Très-noble, très-haut; qui n'a pas le plus
léger point de comparaison avec quoique ce soit de
créé. En un mot, que c'est un être bien plus percep-
tible à l'âme par les effets admirables et directs de
certaines sortes d'émanations vivifiantes, qu'il ne lui
est possible de le saisir dans sa propre substance. Mais

quels sont ces effets? C'est, continua Rose, la douceur d'une joie solide, qui surpasse toute joie imaginable : le lien de la filiation divine; le renouvellement du vieil homme dans l'essence même de l'âme; le cœur satisfait et rempli; la vie, le bonheur dans toutes les affections; vie ferme, sainte, bienheureuse, et ineffable en tout point. — Le docteur demanda quelques détails à Rose sur ses mortifications et ses pénitences. L'extrême humilité de notre sainte, l'empêchant de voir rien d'extraordinaire dans les austérités qu'elle pratiquait, tels que ses jeûnes, ses cilices, ses disciplines, elle n'en parla donc que très-succinctement, non plus que de ses autres exercices de pénitence, qui n'étaient connus que de ses guides spirituels, et dont l'espèce et la mesure avaient été réglés par eux.

Après s'être livré à toutes ces recherches avec un talent, une sagacité et une éloquence vraiment supérieurs, le docteur Castillo termina en disant que la voie dans laquelle Rose avait marché jusqu'alors était droite et sûre, sans danger et sans équivoque; que le démon y était toujours demeuré étranger, et que de tels effets de lumière ne pouvaient être produits par le prince des ténèbres.

Il serait trop long d'ajouter au détail de cet examen la relation du Père Laurenzana, dont la décision fut absolument identique; il nous suffira de dire qu'il admira la simplicité et la force des réponses de cette jeune servante du Seigneur, lorsqu'il l'interrogea sur le mystère de la Très-Sainte-Trinité, sur l'union hypostatique du Verbe, sur le Très-Saint-Sacrement de l'autel, sur la gloire des bienheureux, sur le livre de vie et la prédestination et sur la nature de la grâce.

Les réponses de Rose étaient si profondes et si solides, elles montraient une conception si sublime, ses paroles étaient si claires et si appropriées, que l'examinateur assura n'avoir jamais rencontré un esprit aussi lucide ; il rendit donc grâces au Seigneur, au Père des lumières, de révéler ainsi et aux savants et aux ignorants des choses si grandes et si cachées ; il ne pouvait comprendre que cette jeune vierge pût réunir dans sa façon de s'exprimer tant de justesse et de profondeur.

Le trait que nous allons citer fera connaître la haute opinion qu'avait de Rose l'un de ses guides spirituels : le sacristain de l'église Saint-Dominique vint lui dire avec le ton du badinage qu'une petite fleur (c'était ainsi qu'il désignait Rose) l'attendait à son confessionnal ; le saint prêtre le reprit de l'irrévérence de cette expression, puis, il ajouta : « Celle qui ne « vous paraît qu'une petite fleur est aux yeux de Dieu « une rose d'un grand prix ; et un jour viendra que « le monde saura l'apprécier à sa juste valeur. »

Louis de Bilbao, qui aussi avait dirigé la conscience de notre sainte, pensait de même. Il fut souvent surpris de la profondeur, de l'érudition et de la solidité des paroles dont elle se servait pour répondre à des questions difficiles, et avait reconnu qu'elle était inspirée d'en haut.

La réputation de Rose se répandait chaque jour davantage dans la ville de Lima, dont les habitants étaient persuadés qu'elle agissait et avait toujours agi par l'impulsion divine ; qu'elle possédait au plus haut point le don de sagesse et qu'elle était mue incessamment par l'infusion de la science céleste.

Louise dé Meljarego, dame de Lima aussi remarquable par ses vertus que par sa piété, avait tant de respect et d'admiration pour notre sainte, que, pénétrée de ces sentiments, elle s'agenouillait toutes les fois qu'elle se trouvait sur son passage. La voyait-elle se rendre dans un lieu quelconque, elle l'y suivait, fixant ses regards sur tous les objets qui avaient attiré ceux de Rose.

Le docteur de Castillo et le Père Laurenzana remarquèrent dans cette humble servante du Seigneur deux particularités : 1° qu'elle était parvenue au degré le plus élevé de la vie illuminative, et même de la vie unitive, sans pour ainsi dire avoir passé par la vie purgative; parce que depuis son enfance elle avait été favorisée des plus douces bénédictions de Dieu, qui accompagnent toujours les affections pures, où il ne se trouve rien d'imparfait et de terrestre qu'il soit nécessaire d'expier ;

2° Que dans ce tourment horrible de ténèbres que les personnes inexpérimentées endurent si difficilement, l'ardeur, la force et la constance de Rose avaient été telles, que cette faible vierge put non-seulement supporter cette dure épreuve, mais que par son courage et sa résignation Dieu semblait combattre avec elle.

Quelle force dans cette Rose, pour qu'elle n'ait point été étouffée par les épines.

CHAPITRE XV.

ROSE REÇOIT PLUSIEURS FAVEURS DE NOTRE-SEIGNEUR JÉSUS-CHRIST ET DE SA SAINTE MÈRE.

Les choses spirituelles sont bien douces aux âmes privilégiées, qui regardent la terre avec mépris, et elles coulent doucement dans leurs cœurs. Il en était ainsi de Rose, dont la conversation était incessamment dans le ciel.

Si elle faisait une lecture pieuse, elle avait soin de s'arrêter aux passages qui se rapprochaient le plus aux besoins particuliers de son âme, et les méditait attentivement. Lorsqu'elle rencontrait le doux nom de Jésus, son cœur ne pouvait plus contenir la joie dont il était inondé, et dans son ivresse, elle croyait jouir de la présence du divin Epoux.

Quelquefois l'adorable Enfant daignait apparaître sur la page de son livre, et dans son infinie bonté, ce Verbe divin dans lequel se trouvent réunis tous les trésors de science et de sagesse, dégageait son intelligence de toute obscurité.

N.-S. Jésus-Christ se montrait aussi à elle pendant son travail, et lui faisait comprendre combien sa sainteté lui était agréable. Sous l'influence de semblables faveurs, Rose demeurait immobile et absorbée dans la joie ineffable des douceurs qui remplissaient son cœur.

Lorsque Rose était privée de ces précieuses apparitions, elle s'exprimait ainsi dans sa tristesse :

« Le divin Epoux ne se montre pas, quand il est absent, tout mon bonheur fuit avec lui. O félicité, vous avez donc disparue ?... Faible, défaillante, je languis, ma prière est sans force, éloignée que je suis du divin objet de mon adoration. »

Une nuit que notre Sainte était en prière dans sa cellule, elle éprouva une grande faiblesse, mais craignant que minuit ne fût déjà sonné, elle ne voulut rien prendre afin de ne pas être privée de la communion qu'elle devait avoir le bonheur de faire le lendemain. Elle implora une fois encore le secours de Dieu, qui ne lui fit pas défaut, et elle put, selon son fervent désir, se nourrir du pain des Anges. Sainte Catherine de Sienne reçut la même faveur dans une circonstance semblable.

Se trouvant un jour chez une dame fort distinguée de Lima, et après avoir eu avec elle quelques moments d'entretiens spirituels, Rose lui demanda la permission de se retirer pour faire son oraison. Cette personne y consentit, en l'engageant toutefois à ne pas retourner seule chez elle, et à se laisser accompagner par une jeune enfant de la maison âgée de sept ans. Cette dernière, pendant la prière de notre sainte, demeura près de sa mère dans une chambre de travail, puis, pensant que son oraison était terminée, elle alla la retrouver dans sa cellule; mais de quel prodige ne fut-elle pas témoin alors, en voyant près d'elle l'adorable Enfant Jésus superbement vêtu et environné de rayons lumineux. Cette jeune fille, muette d'admiration, contempla de loin cet étonnant spectacle, mais n'en donna connaissance qu'après la mort de Rose.

Un fait semblable se produisit de nouveau sous les yeux de la jeune Isabelle de Mexia, qui fixant un jour ses regards sur une galerie voisine de sa demeure et appartenant à celle de Marie de Oliva, vit avec une surprise inexprimable auprès de notre sainte l'Enfant Jésus, sous l'apparence d'un enfant de huit ans, et dont le maintien grave et imposant était inaccoutumé au jeune âge. Une divine clarté l'environnait de toute part, et s'étendait jusqu'au sol foulé par ses pieds.

Lorsque le cœur est rempli du divin amour, un zèle ardent la dévore. Non content de s'être donné lui-même tout entier et sans retour, il veut encore que tout ce qui l'entoure, et jusqu'à la moindre plante, soit consacré à l'objet qu'il aime. Notre Sainte nous le prouve une fois de plus, dans le soin qu'elle prenait chaque jour des fleurs qu'elle destinait à la parure des autels. Un basilic surtout fixait particulièrement son attention. Sans doute (croyons-nous) à raison du nom de cette fleur qui signifie comme on le sait *magnifique, somptueux, royal*, et qui par cela même lui semblait plus digne qu'une autre d'être offerte au Roi d'éternelle gloire. Cette plante paraissait acquérir un certain degré de sensibilité, et répondre en quelque sorte aux soins incessants de Rose, en devenant belle, florissante, sous la main qui la cultivait. Avouons-le cependant, elle absorbait un peu trop son attention; aussi la satisfaction qu'elle lui faisait éprouver devait-elle être de courte durée, puisqu'un matin elle la trouva sans vie, arrachée, desséchée. A cette vue, Rose affligée se mit à pleurer, et tandis qu'elle gémissait, N.-S'. Jésus-Christ lui apparut et lui dit avec bonté :

« Rose, ma fille, pourquoi pleures-tu cette fleur si

périssable?... Tu me l'avais donnée, il est vrai, mais moi, ton Créateur, ton Sauveur, je dois être tout pour ton cœur maintenant et toujours. »

Dès l'âge de onze ans, cette jeune enfant fut l'objet de la prédilection de la très-sainte Vierge. Elle passait des journées entières dans la chapelle du Rosaire au pied de son autel, et pendant toute sa vie ce lieu eut pour elle un charme inexprimable. Là elle avait reçu le saint habit des Dominicaines, là aussi, une joie incomparable avait inondé son cœur, alors qu'elle choisit notre Sauveur pour le divin Epoux de son âme. Ce pieux sanctuaire était rempli pour elle des plus précieux souvenirs, et elle se plaisait chaque jour à l'orner de ses mains.

Pendant un certain temps, Rose fut en proie à de longues insomnies qui ne tardèrent pas à altérer sa santé, et à inquiéter sa famille. Celle-ci, après bien des instances, obtint d'elle de se soumettre aux prescriptions médicales propres à combattre ce mal. Mais le retour du sommeil si désiré par les siens fit naître pour elle des peines, des scrupules, qui l'affligeaient plus encore. Car, lorsque l'heure venait de se lever pour vaquer à ses exercices de piété, il lui était impossible de le faire, absorbée qu'elle était par une accablante somnolence. Toujours confiante dans sa mère du ciel appelée Etoile du matin, elle la pria de lui venir en aide, et sentit bientôt l'effet de sa protection. Par le secours de cette mère si compatissante, Rose s'éveillait et ses devoirs de piété n'étaient plus interrompus. Obéissante à cette voix si suave, elle se levait. Parfois cependant ses yeux appesantis par le sommeil se refermaient, mais alors elle entendait ces paroles :

« Lève-toi, ma fille, réponds-moi, voici l'heure de la prière. Lève-toi, l'heure est sonnée. »

Ce nom de fille que la sainte Vierge daignait lui donner était pour elle d'une douceur inexprimable. A cet appel le sommeil fuyait, et ses paupières se rouvraient, mais celle qui l'avait si puissamment aidée disparaissait aussitôt. Quel n'était pas alors le chagrin de notre Sainte de ne plus voir ce ravissant visage, le front serein de sa mère chérie, qui reflète incessamment la gloire du paradis. Avec elle s'enfuyaient et les faveurs les plus signalées, et les joies les plus délicieuses.

On lit dans les saintes Ecritures :

« Lorsque Moïse revint auprès des Israélites après
« avoir reçu les ordres de Dieu sur la montagne, son
« visage était si resplendissant de lumière, que le
« peuple ne pouvait en soutenir la vue. » Ne trouvons-nous pas quelque analogie entre ce fait et ce qui va suivre ?...

Notre sainte, si attentive à considérer et à écouter les conseils de sainte Catherine de Sienne, sa maîtresse séraphique, rappelait même par les traits de son visage le portrait de celle qu'elle avait prise pour son modèle. Les habitants de Lima se plaisaient à l'appeler une nouvelle Catherine de Sienne, et lorsqu'après sa mort Rose fut exposée à l'Eglise, tous les assistants furent frappés de sa ressemblance avec celle qui avait été son modèle pendant toute sa vie.

CHAPITRE XVI.

ROSE TRIOMPHE DU DÉMON, ET SON ANGE GARDIEN LUI OBTIENT DES LUMIÈRES EXTRAORDINAIRES.

En prêchant sur le psaume *Qui habitat*, saint Bernard dit que Dieu avait chargé les Anges de veiller sur les hommes.

Rose reçut des lumières toutes spéciales du sien, qui lui fit comprendre les choses les plus obscures. Il n'était pas seulement son gardien, mais encore le messager céleste confident de ses besoins, et alors que profondément affligée elle se voyait privée de la divine présence, elle s'adressait à ce charitable protecteur en ces termes :

« J'ai recours à toi, ô pur esprit, viens à mon aide.
« Mon cœur ne peut vivre plus longtemps dans l'at-
« tente de celui qui fait sa félicité. Vole vers notre
« Créateur, dis-lui la souffrance de Rose, dis-lui aussi
« la langueur de son âme en son absence. »

Une nuit que notre sainte était en prière dans sa cellule, elle se sentit prête à tomber en défaillance. Cette fois encore il lui fut inspiré par son bon ange d'aller rejoindre sa mère. Marie de Oliva, effrayée de l'excessive pâleur de sa fille, voulut lui faire prendre quelque chose de fortifiant. Un peu de chocolat lui sembla l'aliment propre à atteindre le but qu'elle se proposait, et elle allait donner ordre à l'une des servantes d'en acheter, lorsque Rose s'y opposa en disant que c'était chez Gonzalve qu'on en trouverait. Marie de Oliva essaya de lui faire comprendre qu'attendu la distance qui séparait sa demeure de celle de ce dernier et aussi l'heure avancée de la nuit, il était plus simple de se procurer ce dont il s'agissait dans le voisinage, mais Rose mit tant d'insistance dans l'expression de ce désir, qu'on dut enfin y acquiescer et se rendre chez Gonzalve. Là, se produisit un fait qui, bien que puéril en lui-même, n'en fut pas moins surprenant.

Comme Rose l'avait dit, cette nourriture s'y trouva oute préparée à son intention. On voit par ce que nous venons de rapporter que jusque dans les choses les plus ordinaires de la vie, la confiance de notre sainte envers son ange gardien n'était jamais sans effet.

Chaque soir, sa mère avait la coutume de l'aller chercher dans sa cellule pour prendre son repos. Une fois cependant, soit que Marie de Oliva la crut déjà rentrée, soit aussi peut-être que ses occupations la lui eussent fait oublier, elle ne s'acquitta pas de ce soin. Rose l'attendait donc en vain hésitant sur ce qu'elle avait à faire, lorsque, regardant par sa petite fenêtre, elle aperçut une lueur éclatante. Aussitôt elle pensa que ce secours lui venait de son ange gardien et suivit avec confiance cette clarté qui la guida jusqu'au seuil de la maison paternelle, et qui fut si puissante qu'à cette heure avancée de la nuit, les portes déjà closes du jardin s'ouvrirent sous ses pas. On lit dans le psaume *Qui habitat* : « *In manibus portabunt te.* »

Ainsi qu'il arrive souvent aux âmes choisies, Rose, si secourue de son ange gardien, se trouvait parfois en butte aux efforts de l'esprit de ténèbres. Sa cellule si remplie de célestes délices, excitait particulièrement la haine de celui-ci ; il savait que dans ce lieu une douce paix inondait le cœur de notre sainte et sa rage s'en augmentait encore. Ce cruel ennemi lui apparaissait sous les formes les plus hideuses et les plus redoutables. Toujours confiante dans le Seigneur, Rose levait les yeux au ciel et s'écriait :

Ne tradas bestiis animas confidentes tibi. A peine ces paroles étaient-elles prononcés, que le démon vaincu prenait la fuite; et notre sainte, recouvrant le calme et la paix, reprenait le cours de sa vie vraiment angélique.

Un jour que Rose était chez Isabelle de Mexia, elle fut si cruellement obsédée par les attaques du démon, que cet ennemi acharné la terrassa; mais la grâce lui venant en aide, elle se releva bientôt plus forte et plus agile. Satan, honteux de sa défaite, et ingénieux à trouver de nouveaux moyens de persécutions, lui causa un chagrin véritable. Cette dernière avait une prédilection marquée pour les œuvres du Père de Grenade, où, comme on le sait, l'oraison est traitée d'une manière si supérieure. Cet ouvrage donc si précieux à ses yeux fut perdu sans retour.

Dans une autre circonstance, alors que Rose s'était retirée dans une pièce au comble de la maison pour y faire son oraison, elle y fut troublée par le bruit incessant d'une foule de petits loirs qui semblaient conjurés pour lui ravir le profond recueillement qu'elle était venue y chercher. Elle descendit dans un cellier où elle ne fut pas plutôt, qu'un nouveau combat commença pour elle. La lutte s'engagea donc, mais cette fois comme toujours, la victoire demeura à notre intrépide sainte, et le calme lui fut rendu. Gonzalve, surpris de ne la pas voir à l'heure du repas, s'enquit du lieu où elle était, et l'interrogeant sur le motif de son absence, elle lui apprit ce qui venait de se passer.

Un jour que Rose était en oraison dans le jardin, son ennemi lui apparut encore, mais à de nouvelles attaques succéda un nouveau triomphe. Notre sainte tout émue de ce qu'elle venait de souffrir, et gémissant en secret aux pieds du divin Epoux, entendit ces consolantes paroles:

« Ecoute-moi, Rose, n'étais-je pas avec toi lorsque tu combattais?... »

Cette voix si puissante produisit dans son âme un calme inexprimable.

Sainte Catherine de Sienne, dans de semblables épreuves, avait entendu ces douces paroles du divin Maître.

« Au moment du combat, au moment de la victoire, j'étais avec toi et je te soutenais. »

Notre sainte avait une sagacité et un talent supérieurs pour discerner les esprits et distinguer les saintes inspirations des illusions du démon.

Dans un entretien qu'elle eut avec l'un de ses conseils dans la voie spirituelle, elle lui dit que les inspirations et les lumières venaient sûrement d'en haut lorsque l'âme restait humble et que le cœur conservant son calme, demeurait constamment uni à Dieu; mais que ces inspirations étaient infailliblement mauvaises, lorsque l'orgueil et la vaine complaisance s'insinuaient dans un cœur plein de trouble.

Quelles sublimes connaissances dans une si faible vierge?... Et ne faut-il pas les attribuer au divin Maître, qui avait aussi dans un autre temps accordé la même faveur à sainte Catherine de Sienne.

CHAPITRE XVII.

CHAGRINS, PERSÉCUTIONS, ET MALADIES DE ROSE, QU'ELLE SUPPORTA AVEC LA PATIENCE LA PLUS DMIRABLE.

Semblable aux fleurs dont elle portait le nom, Rose fut douée de la plus grande beauté, et sa vie fut semée d'épines.

Elle avait quelques mois seulement, lorsque sa mère, se trouvant dans l'impossibilité de la nourrir elle-même, tâcha d'y suppléer en essayant de la faire manger; mais cette jeune enfant souffrit beaucoup de ce changement subit d'alimentation; et à peine commençait-elle à parler et à marcher que les chagrins vinrent l'accabler; ses premiers pas se firent donc dans une voie de douleur.

Ainsi que nous l'avons dit, sa grand'mère avait vu avec peine que Rose ne portait pas son nom, lorsqu'elle l'entendait nommer Isabelle, elle la frappait cruellement. Si au contraire cette douce enfant répondait à ce dernier nom, sa mère la maltraitait à son tour; et de quelque manière que les choses tournassent, Rose était injustement traitée.

Marie de Oliva, cette mère inconsidérée, ne savait pas apprécier la vertu naissante de sa fille. Plus tard, et lorsque Rose commença à sortir de l'enfance, sa modestie, sa patience, sa sobriété, son éloignement du monde et sa piété, toutes ces précieuses qualités ne furent que des défauts à ses yeux. Elle l'accablait sans cesse d'injures et de reproches. Un jour même la colère de cette mère injuste fut poussée à un tel point qu'elle la frappa avec une branche de cognassier ; les serviteurs de la maison n'avaient pas pour elle des procédés plus doux, et cette vie si pure et si sainte était méconnue de tous.

Bien loin de trouver quelques douceurs près de ses frères, ceux-ci avaient des procédés assez durs pour elle, et dans leur aveuglement lui disaient souvent qu'elle ferait un jour le déshonneur de sa famille.

Marie de Oliva, ne comprenant pas la sainteté de sa fille, l'humiliait souvent, et l'accusait de dissimulation et d'hypocrisie. Pour comble de malheur, ses confesseurs eux-mêmes semblaient ne pas la comprendre. Ils pensaient qu'elle marchait dans une voie oblique et dangereuse, et appelaient illusions vaines les inspirations et les impulsions divines dont notre sainte était favorisée. Toute autre qu'elle aurait été découragée, mais Rose était si patiente, si humble, qu'elle ne voyait dans toutes ses afflictions qu'un moyen de se rendre plus agréable à Dieu.

Interrogée un jour par une dame pieuse qui lui demandait pourquoi elle ne priait pas sainte Catherine de Sienne de la délivrer par son intercession de ses peines, elle lui fit cette belle réponse :

« Que pensez-vous que dirait de moi mon héroïque
« maîtresse, si je demandais à marcher dans une voie
« différente de celle qu'elle a si glorieusement suivie...
« loin de moi une semblable pensée. »

Tout ce que Rose demandait par l'intercession de sainte Catherine de Sienne lui était accordé, ainsi que nous le verrons plus tard ; mais cette généreuse disciple estimait davantage les stigmates de sa maîtresse que les consolations les plus douces. Véritable épouse d'un Dieu crucifié, elle aurait rougi de fuir la participation à la Croix et à la Passion de son divin maître.

Les occasions de pratiquer la plus admirable patience ne manquèrent pas à Rose, et si quelquefois les peines intérieures ne se présentaient pas, les souffrances corporelles les remplaçaient bientôt. Elle eut des contractions de nerfs qui la forcèrent de garder le lit pendant trois ans. Dans ses cruelles douleurs, jamais la moindre plainte ne sortit de sa bouche. Elle souffrait plus de la peine qu'elle causait à son entourage, que de ses propres maux.

« O (s'écriait-elle souvent) qu'il serait heureux et
« salutaire de souffrir, si l'on n'était pas un sujet de
« peine pour ceux qu'on aime. »

Elle était sujette à des maux de gorge qui dégénéraient souvent en esquinancies, des attaques d'asthme, des douleurs de goutte sciatique, des maux d'estomac, des pleurésies....

Une de ces maladies aurait suffi pour accabler une personne robuste, et Rose avait souvent à la fois plusieurs de ces maux.

Les médecins ne pouvaient s'expliquer comment une telle inflammation pouvait se produire dans un corps si faible et si délicat ; mais notre sainte sentait intérieurement que ses douleurs ne provenaient pas de causes humaines, mais qu'elles lui étaient envoyées par le

Seigneur pour le salut de son âme. Les fièvres les plus fortes et les plus opiniâtres lui semblaient peu de choses ; mais il n'en était pas de même des douleurs de goutte qu'elle ressentait dans les articulations des pieds et des mains.

Nul remède n'y apportait d'adoucissement, et comme le mal ne présentait aucun danger, il n'excitait pas la compassion des personnes qui étaient près d'elle, et qui ne songeaient qu'à l'embarras qu'elle leur causait.

On sait que rien ne démoralise autant un malade, que de voir que l'on ne compatit pas à ses souffrances.

Rose recevait avec calme ce triste accroissement à ses maux, et souffrait avec une douceur angélique les angoisses de tout genre qui l'accablaient, en pensant que c'était Dieu lui-même qui les lui envoyait.

Notre faible plume ne saurait dépeindre la résignation pleine de sérénité de cette jeune vierge, en proie aux souffrances les plus aiguës. Si l'on s'informait de sa santé, comme elle ne pouvait nier toutes ses tortures, elle disait que ses maux étaient peu de chose en comparaison de ses fautes ; et que tout ce qui lui venait du céleste époux avait pour elle la douceur du miel.

D'autres fois elle répondait ainsi :

« Il faut souvent penser aux peines de l'enfer. Cette méditation nous aide puissamment à supporter les douleurs du temps présent. » Puis se tournant vers Dieu, elle s'écriait :

« Augmentez mes douleurs, Seigneur, mais en même temps augmentez mon amour. »

Un jour que Rose s'entretenait avec une dame fort

pieuse qui lui inspirait beaucoup de confiance, elle lui parla en détail des grâces extraordinaires dont Dieu l'avait favorisée durant la longue série de ses douleurs, et lui dit que si elle n'en avait fait l'expérience, elle n'aurait jamais pu comprendre qu'une personne pût souffrir tant de maux déjà si horribles en les considérant partiellement, et qui s'étaient répandus généralement sur toute sa personne.

« Toujours (continua-t-elle) j'ai reçu du ciel la force et les secours nécessaires pour les supporter, et jamais je n'ai ressenti la plus petite impatience, dans laquelle un seul de mes cheveux n'ait pas été soumis à la volonté de Dieu. Je rougis d'avoir jusqu'à présent si mal répondu à tant de bienfaits... Je sens que je suis la plus indigne de toutes les créatures envers un Dieu qui m'a conduite par la main comme l'âme la plus privilégiée. »

Nous allons rapporter une vision remarquable qu'eut Rose, et dont elle fit le récit au docteur Castillas, fort peu de temps avant sa mort:

« Un jour (lui-dit-elle) que j'étais en oraison, je vis l'éclat de la Majesté divine se répandant de tous côtés, et dont la lumière était sans limite. Dans l'intérieur de cette clarté éblouissante paraissait un arc de plusieurs couleurs, variées avec une grâce ravissante. Au-dessus de cet arc on en voyait un autre d'une égale beauté, au milieu duquel s'élevait la croix glorieuse surmontée du titre triomphant de Jésus notre Sauveur crucifié. L'humanité sainte de N.-S. Jésus-Christ remplissait l'intérieur de cet arc, et il était vêtu avec tant de magnificence qu'il ne s'est jamais rien vu de semblable depuis que le monde existe. Il plut à la bonté de Dieu de permettre que je pusse fixer librement un si prodigieux spectacle, et je considérai avec ravissement ce Roi majestueux dans toute sa gloire. »

Le docteur ayant interrompu Rose pour lui demander de quelles couleurs était l'arc, elle lui répondit qu'elles avaient tant de grâces, de charme, de variété, de noblesse et d'éclat, que les plus belles de celles que nous connaissons n'en étaient qu'une faible image; puis reprenant le fil de son récit, Rose continua ainsi :

« Par la présence de l'humanité sainte de N.-S. Jésus-Christ, j'ai senti couler au fond de mon âme des flammes si inexprimables, qu'il me sembla avoir quitté la terre et jouir déjà du céleste bonheur.

« Le Seigneur prit alors une balance et posa un très-grand poids d'un côté. Une multitude d'anges resplendissants de gloire, et un nombre infini d'âmes bienheureuses vinrent se prosterner devant le Sauveur des hommes. Dans ce moment les anges accumulèrent des afflictions de tout genre de l'autre côté, et comme le poids surpassait leurs forces, le Seigneur souleva la balance de ses propres mains, et distribua les afflictions aux âmes qui étaient présentes; une grande partie me fut donnée, puis la balance fut chargée de nouveau par les esprits célestes, mais cette fois, ils n'y déposèrent que des grâces, et ce trésor précieux fut réparti de même par le Divin maître, qui en favorisa les âmes auxquelles il avait donné des afflictions. Je ne fus pas oubliée dans ce dernier partage, et la surabondance de grâces que je reçus fut telle, que je ne saurais en donner qu'une idée très-imparfaite. Le Seigneur élevant la voix, prononça ces paroles :

« Que l'univers sache que les tribulations sont suivies de la grâce, que sans le poids des afflictions on ne saurait jouir de ses dons célestes, et que l'accroissement des peines augmente celui de ces mêmes dons. Qu'il ne craigne pas d'errer en suivant la croix ; c'est elle qui peut nous mériter le ciel ; c'est la véritable et l'unique voie qui puisse nous conduire dans le paradis. »

« Je m'écriai alors le cœur embrasé d'un zèle extraordinaire :

« Peuples et nations du monde, écoutez ce que j'ai appris de la propre bouche de N.-S. Jésus-Christ, on ne peut arriver à la grâce sans avoir passé par les afflictions. Il faut souffrir pour arriver à la gloire des enfants de Dieu.... Dans ce moment je me sentis irrésistiblement poussée à exalter la beauté de la Grâce divine, mon âme ne pouvait plus rester dans la prison de son corps. Que ne l'a-t-elle en effet quitté... O si les chrétiens savaient ce que c'est que la grâce?... s'ils comprenaient sa beauté, sa noblesse, s'ils pouvaient en apprécier les richesses, les joies, les délices ! c'est alors qu'ils demanderaient avec ardeur les souffrances, les maladies, les persécutions de tout genre, pour obtenir les récompenses promises à ceux qui souffrent. S'ils connaissaient la valeur de ces immenses trésors, ils ne se plaindraient plus des croix et des adversités d'une vie passagère... »

Le docteur demanda à Rose sous quelle apparence N.-S. Jésus-Christ s'était montré à ses yeux, et de quel genre de paroles il s'était servi pour se faire entendre avec tant de clarté...

Rose répondit que notre adorable Sauveur s'était

fait voir à elle sous une forme purement divine, et qu'elle ignorait comment les théologiens l'exprimaient ; mais que les paroles du Sauveur étaient d'une clarté incomparable, qu'elles pénétraient jusqu'au fond de l'âme, et qu'elles se faisaient admirablement comprendre.

Cette vision remarquable fut, on peut le dire, comme la préparation de Rose aux douleurs de la dernière maladie qui causa sa mort prématurée. Nous parlerons plus tard de la patience extraordinaire qu'elle fit paraître dans cette douloureuse circonstance, et qui ne saurait être traitée dans un seul chapitre.

CHAPITRE XVIII.

LE PROGRÈS DE L'AMOUR DE ROSE ENVERS N.-S. JÉSUS-CHRIST SE FAIT REMARQUER PAR DES SIGNES EXTÉRIEURS.

Il plut au Seigneur de faire paraître au dehors l'amour divin dont le cœur de Rose était embrasé; et plusieurs fois pendant son oraison les lumières célestes brillèrent sur son front. Une nuit qu'elle avait une compagne dans sa chambre, celle-ci s'étant éveillée, fut surprise de voir une brillante clarté. Considérant d'où pouvait provenir ce prodige, elle reconnut que c'était la figure de Rose qui s'était mise en prière : et tandis que notre sainte se croyait dans une obscurité absolue, Dieu faisait ainsi connaître l'ardeur qui consumait le cœur de sa servante.

Les soupirs fréquents de Rose témoignaient de sa ferveur, qu'elle exprimait en ces termes : « Qui est-ce qui ne vous aimerait pas, Seigneur... O mon doux Jésus, quand pourrai-je dire que je vous aime véritablement... Misérable que je suis de n'avoir point encore pour vous un amour parfait... je ne sais pas vous aimer comme vous méritez de l'être... A quoi me sert le cœur que vous m'avez donné, s'il n'est pas réduit en cendres par son amour pour vous... » C'est ainsi que s'exprime le véritable amour de Dieu. Plus il est ardent, plus il désire augmenter. Nous allons rapporter quelques-unes des oraisons jaculatoires de notre sainte :

« Mon Seigneur Jésus-Christ Dieu et homme, créateur et rédempteur de tous les hommes, que jamais je ne vous offense. »

« O mon vrai Dieu, l'époux de mon âme et la joie de mon cœur. »

« Je désire vous aimer d'un amour parfait, efficace, sincère, ineffable, incomparable, invincible par lequel l'univers tout entier doit vous aimer. »

« Je désire vous aimer par-dessus toutes choses... »

« O Dieu de mon cœur et ma vie. »

« Que je vous aime comme votre sainte mère vous a aimé. »

« Je désire vous aimer comme vous vous aimez vous-même... »

« Que je me consume dans votre amour, ô mon très-doux Jésus... »

Cette rhétorique n'est pas comprise par les gens du siècle, mais les âmes instruites à l'école du divin amour la connaissent, et en saisissent la force et la profondeur.

Si Rose fut toujours ingénieuse pour empêcher que ses vertus parussent au dehors, elle ne put du moins parvenir à cacher la charité brûlante de son cœur, que ses paroles dévoilaient malgré elle. Ses entretiens avec les personnes de son intimité commençaient toujour ainsi :

« Aimons notre Dieu, aimons-le. »

Si l'on faisait l'éloge de quelqu'un, elle mettait le complément à tout le bien qu'on en disait par ces mots :

« Elle aime véritablement Dieu. »

Son unique bonheur était de parler de notre adorable Maître ; d'entendre parler de lui ; de porter tous ceux qu'elle connaissait à l'aimer, et d'énumérer les titres qu'il avait à l'amour de ses créatures. Si la conversation roulait sur un sujet étranger, elle trouvait toujours le moyen de la ramener à celui qui plaisait seul à son cœur si dévoué à Dieu. Il était admirable de l'entendre alors. Quelle justesse dans les termes dont elle se servait... Quels raisonnements pleins de feu en parlant des devoirs de la charité... de la bonté d'un Dieu si digne d'être aimé... et de la beauté de la majesté divine... Quelle grâce, quelle éloquence... Sa voix s'animait, ses yeux brillaient de la joie la plus pure, et l'on ne pouvait douter que les paroles qui sortaient de sa bouche ne vinssent de l'abondance de son cœur.

Lorsqu'elle était seule, elle exprimait alors l'amour divin qui remplissait son âme et laissait un libre cours aux élans séraphiques qu'elle avait tant de peine à retenir. Dans la vie commune, un jour et à son insu, Gonzalve et sa femme l'entendirent inviter toutes les créatures à louer le Seigneur, s'adressant successivement aux éléments, aux cieux, aux anges, aux plantes et aux animaux, elle répétait sans cesse :

« Aimons Dieu, Dieu est amour. »

Quelquefois elle demeurait pendant plusieurs heures immobiles, les yeux fixés vers le ciel; il régnait une telle ferveur dans toute sa personne, que les cœurs les plus durs se sentaient près d'elle irrésistiblement portés à l'amour divin et à la componction. Souvent elle prenait une guitare à laquelle s'unissait sa douce voix et exprimait les sentiments de son cœur pour son bien-aimé. Oubliant alors toutes ses douleurs, elle se laissait doucement aller à la force de son amour, et devenait comme insensible à ce qui se passait autour d'elle.

Elle chantait parfois ces vers espagnols :

« Vous croissez en vertu et en beauté, parmi les « olives et les fleurs. »

Elle trouvait dans ces paroles une allusion au nom de son père Gaspard Florès, et à celui de sa mère Marie de Oliva. Elle se plaisait donc souvent à les adresser au Seigneur.

Le zèle est inséparable de l'amour divin, et l'offense la plus grave aux yeux de Rose était le mépris de Dieu dans son temple. Si donc elle voyait des personnes légères causer de choses indifférentes à l'église, elle ne pouvait cacher la douleur qu'elle en ressentait, et s'empressait de les en reprendre; mais c'était avec une douceur, une modération, une prudence, une humilité telles qu'elle semblait plutôt leur demander une grâce que les reprendre d'une faute.

Ceux qui faisaient partie de la maison de Gonzalve de Massa avaient remarqué que Rose si patiente pour les injures qui lui étaient personnelles, ne pouvait tolérer le plus petit manquement envers Dieu, et évitaient la moindre parole qui pût blesser sa tendre piété.

Lorsqu'elle entendait des enfants répéter innocemment de mauvaises chansons, elle se hâtait d'en prévenir leurs parents et vengeait cette injure par ses larmes. Le mensonge, malheureusement si habituel au jeune âge, lui faisait horreur, et elle disait souvent :

« Il ne faut mentir ni pour le ciel ni pour la terre, parce que Dieu est vérité. »

Si quelqu'un racontait de bonne foi une chose qui n'était pas exacte, elle avait un talent tout particulier pour redresser la narration de cette personne sans blesser son amour-propre.

Quelques instants avant la mort de notre sainte, arriva un religieux de sa connaissance qui désirait la voir encore une fois. Une des femmes qui étaient là lui dit : « Vous venez tout à propos, mon Père, car Rose vous demandait. »

La pauvre mourante sentant que ces paroles n'étaient pas tout à fait exactes, rassembla le peu de forces qui lui restait et s'exprima ainsi :

« N'altérons pas la vérité. J'ai désiré, il est vrai, mon père, vous voir avant de mourir, mais je n'ai rien dit de plus. »

Elle répétait souvent ces paroles :

« Dieu est vérité, et cette pensée me le fait tendrement aimer. »

Pendant sa dernière maladie, voyant un jour pleurer sa mère, et poussée par l'ardeur de son amour pour le divin Maître, elle s'écria douloureusement :

« Que faites-vous, ô ma mère ! le précieux trésor de nos larmes n'est dû qu'au Seigneur. Souvenez-vous que nous ne devons les répandre que devant lui pour obtenir le pardon de nos fautes. »

C'est ainsi que Rose faisait tout servir à la plus grande gloire du maître suprême.

Une religieuse, oubliant les promesses qu'elle avait faites à Dieu, déserta le saint lieu où elle s'était consacrée à lui; mais après avoir erré çà et là pendant longtemps habillée en homme, la grâce toucha enfin son cœur, et elle fit une sincère pénitence de sa faute.

Lorsque cet événement parvint à la connaissance de Rose, celle-ci considéra d'abord l'injure faite à Dieu par une offense à la fois si outrageante et si publique; puis son cœur tressaillit d'allégresse et d'amour, à cette pensée qui lui était plus douce que toute autre chose créée; à cette pensée, disons-nous, que la grâce avait triomphé.

Bien que cette âme si belle devant Dieu lui exprimât son amour d'une façon tout angélique, elle craignait sans cesse de ne le pas faire dignement, et se plaignait à ses guides spirituels de n'être qu'une ingrate envers le Tout-Puissant, dont la libéralité infinie la comblait à tout instant des grâces les plus signalées.

Une grande solennité approchait et plusieurs personnes se réjouissaient à l'avance d'entendre la voix éloquente de l'un des confesseurs de Rose, qui devait prêcher ce jour-là; mais au désappointement des auditeurs futurs, le prêtre tomba gravement malade peu de temps auparavant, et en fit informer notre sainte. Cette dernière, appréciant aussitôt toute l'importance de ce fâcheux contre-temps, se recueillit un instant, puis s'adressant à ceux qui lui avaient apporté ce message, elle leur dit :

« Allez annoncer au malade que la santé lui sera
« rendue à temps, mais à une condition bien dure pour
« une autre personne. »

Ces deux prédictions se vérifièrent. Quelques heures avant la réunion des fidèles à l'église, le prêtre fut guéri et s'acquitta merveilleusement du mandat qui lui avait été confié, et Rose, comme elle l'avait dit, tomba malade dans le moment même. Ce qui ne l'empêcha cependant pas d'assister au sermon, tant son zèle l'entraînait au delà de ses forces.

Le cœur brûlant de notre sainte cherchait sans cesse le moyen d'exprimer à Dieu son amour. Ses larmes coulaient souvent en considérant le dénûment auquel avait voulu se soumettre un Dieu naissant dans une étable, exposé à toutes les injures de l'air, pendant la saison la plus rigoureuse de l'année, pour racheter le genre humain. Elle savait que sainte Catherine de Sienne avait voulu en quelque sorte procurer au divin Enfant un vêtement spirituel, par des prières et des pénitences de tout genre. Rose donc toujours unie à son adorable maître dans toutes les circonstances de sa vie mortelle, et pénétrée du triste abandon de la crèche, s'efforça aussi d'apporter à notre Sauveur une sorte de compensation à tout ce que dans son amour infini pour les hommes il avait souffert de pauvreté et de privations dans l'étable de Bethléem. Entraînée par sa ferveur, elle s'appliqua à mettre à exécution ce qu'elle lui inspirait, multipliant à cette intention, et ses prières, et ses oraisons mentales, et ses jeûnes, et ses disciplines; puis les réunissant en une seule offrande aux profondes adorations de son cœur, elle les déposa humblement aux pieds du divin berceau, comme pour servir de vêtement à l'Enfant-Dieu.

CHAPITRE XIX.

MIRACLE EXTRAORDINAIRE DU TABLEAU BAIGNÉ DE SUEUR.

L'oratoire de Gonzalve contenait de beaux tableaux de piété parmi lesquels se faisait remarquer celui de la sainte Face, représentée avec un talent supérieur, et auquel Rose avait une dévotion toute particulière. Pendant son oraison, ses yeux étaient continuellement fixés sur le tableau dont la vue fortifiait son cœur.

Un samedi qu'elle se rendit à cet oratoire avec Marie Uzatégui et ses filles pour prier, deux cierges brûlaient devant ce tableau. Lorsqu'elles furent agenouillées, notre sainte ne put maîtriser la ferveur de son amour, et oubliant qu'elle n'était pas seule, elle s'exprima en ces termes : « Seigneur, quand donc les hommes vous aimeront-ils comme vous méritez de l'être... Jusqu'à quand supporterez-vous les offenses et les irrévérences des pécheurs... Oh! qui fera connaître à toutes les créatures l'amour dont vous êtes digne... Quand les hommes comprendront-ils que vous devez être aimé à cause de vous-même, et non par la crainte des châtiments ou l'espoir des récompenses? Ah, Seigneur, faites qu'ils vous aiment comme ils le doivent... Agitez votre arc... lancez de tous côtés les traits brûlants de votre amour, et qu'il s'empare de tous les cœurs. Que tous les hommes vous adorent, qu'ils vous servent, que leurs cœurs s'amollissent, et que le baume le plus pur s'en échappe avec abondance. O vous, très-aimable Jésus, qui avez aimé tous les hommes jusqu'à donner votre vie adorable et sans prix pour les sauver lorsqu'ils étaient condamnés à un malheur éternel... »

Les compagnes de Rose se retirèrent dans une pièce voisine afin de laisser plus de liberté à sa ferveur, mais peu de temps après, l'une d'elles entrant dans l'oratoire poussa un cri de frayeur en voyant la figure de ce tableau baignée de sueur ; les autres accoururent aussitôt, et ne sachant comment expliquer un si étonnant spectacle, elles envoyèrent chercher Gonzalve, qui se trouvant chez Jean de Tinéo son ami, l'amena avec lui. En entrant dans l'oratoire, ils demeurèrent immobiles à la vue d'un prodige si extraordinaire. Autant la crédulité inconsidérée aux miracles est dangereuse, autant aussi une prudente circonspection est sage et salutaire. Gonzalve fit appeler Angelino Medorio, au pinceau duquel on devait ce tableau, et lui demanda si cet incident ne pouvait tenir sa cause de quelques particularités attachées aux couleurs qui avaient été employées ? Le peintre répondit négativement, et après avoir fait les plus soigneuses investigations, il déclara que cet effet était tout surnaturel.

Non content de cette déclaration, Gonzalve consulta deux Jésuites, le père Pénaloza et François Lopez qu'il pria de venir examiner le fait. Le père Pénaloza essaya d'éponger l'eau avec du coton, mais ce fut en vain, et cette eau se reproduisait sans cesse avec abondance. Il en empreignit du papier blanc, et après qu'il fut séché, il ne garda aucune trace de cette eau. Pendant quatre heures que dura ce fait surprenant, la peinture n'en éprouva nulle altération, et demeura aussi brillante qu'auparavant.

Barthélemi Lobo Guerrero, archevêque de Lima, après avoir pris les informations nécessaires, voulut que ce prodige fût connu des fidèles, et chargea le docteur Jean de la Rocca, curé et archidiacre métropolitain, d'en faire rédiger l'acte selon les formes canoniques.

Il restait quelques inquiétudes vagues dans l'esprit de Gonzalve au sujet de ce miracle. Il craignait que ce ne fut peut-être à cause des crimes de quelques domestiques, ou le présage pour sa famille d'un malheur prochain ; mais Rose connaissait le secret de ce mystère impénétrable à tous les yeux et le rassura en lui disant qu'il n'avait rien à craindre, et que N.-S. Jésus-Christ s'était servi de ce moyen pour manifester au dehors le désir qu'il ressentait d'être aimé de tous les hommes. Dans ce moment, Marie Uzatégui ne put s'empêcher de faire remarquer l'analogie des dernières paroles de Rose, avec celles qu'elle avait prononcées devant la sainte image au moment où le prodige s'était manifesté : puis se rappelant l'accroissement de ferveur qu'elle avait ressenti dans son propre cœur, elle ne douta pas que cet effet prodigieux ne fût le résultat des prières de notre sainte lorsqu'elle demandait au Seigneur de remplir les cœurs de son amour.

La guérison extraordinaire que nous allons rapporter, vint confirmer ce miracle.

Quelques jours avant Pâques, Rose éprouva un accident. Elle fit une chute et se cassa un bras. Les médecins déclarèrent que la complication de la fracture était de nature à leur faire craindre qu'elle ne restât estropiée toute sa vie. A ce triste arrêt, le calme de notre sainte ne se démentit pas, et elle demeura silencieuse et résignée; mais un jour qu'elle s'entretenait avec Marie Uzatégui du fait miraculeux de cette sueur dont nous avons parlé plus haut, poussée sans doute par un mouvement de confiance extraordinaire, elle lui dit qu'elle était persuadée qu'en appliquant sur son bras du coton imbibé de cette sueur elle serait guérie : mais à peine eut-elle prononcé ces paroles, que craignant d'offenser Dieu en cherchant à faire cesser son mal, elle demanda avis à son père spirituel, qui l'engagea à employer ce moyen, après toutefois avoir mis sa confiance en Dieu. Rose obéit, puis se retira dans l'oratoire où elle resta deux heures en prières et en sortit entièrement guérie. La femme de Gonzalve transportée de joie, lui demanda comment les choses s'étaient passées, et Rose répondit en ces termes :

« A peine étais-je agenouillée devant l'image, que je me sentis entièrement délivrée de mon mal; mais je n'ai pas voulu quitter l'oratoire pour vous faire partager ma joie avant d'avoir exprimé ma reconnaissance au médecin céleste qui venait de me guérir si subitement. Enlevez donc le coton et le bandage qui désormais deviennent inutiles.» Ce bonheur inespéré remplit de joie la maison de Gonzalve, et l'étonnement des médecins qui avaient pu apprécier toute l'étendue du mal fut à son comble.

Le bruit se répandit dans la ville que le saint tableau allait être transporté dans une église, et les larmes de Gonzalve et de sa famille coulèrent tristement à la pensée que le précieux trésor serait ainsi ravi à leur amour. La peine qu'ils ressentaient à ce sujet était d'autant plus vive, qu'ils avaient souvent entendu dire à Rose, qu'il leur attirait à tous les bénédictions du ciel. Un jour donc que Gonzalve faisait part de ses craintes à notre sainte, elle lui répondit :

« Bannissez ces appréhensions, mon père (elle honorait Gonzalve et sa femme des titres de père et mère), ne craignez rien, le doux Sauveur qui nous a jusqu'ici traités avec tant de bonté, ne nous abandonnera pas. D'ailleurs, si à cause de ce dernier miracle ce tableau devait être enlevé de cet oratoire, il faudrait les en ôter tous, car chacun est une source de bienfaits et nous comblent de grâces précieuses quoique cachées. » Parmi ces pieuses images, celle représentant l'Enfant Jésus était particulièrement chère à Rose : et lorsque humblement prosternée, elle faisait son oraison devant elle, on ne pouvait douter des affections extraordinaires de son cœur.

Marie Uzatégui lui ayant adressé quelques questions à ce sujet, elle lui répondit :

« La vue seule de ce tableau me cause une joie impossible à rendre. Il me semble que le divin Enfant me sourit en me tendant les bras, comme si déjà il voulait me combler de toutes ses faveurs.

« O ma mère, aimez ce céleste Enfant... Servez-le, respectez-le... Adorez ce Roi de gloire, qui sous la faible apparence de cette peinture, sait nous favoriser d'une si grande effusion de grâces et qui est prêt à nous en donner de plus grandes encore. Lorsque je fixe mes regards sur ce tableau, la force qui se répand dans toute mon âme ne peut être justement comparée qu'à celle que produit en moi la sainte communion. Comment se peut-il qu'il y ait si peu de vrais chrétiens, qui rendent amour pour amour à ce Dieu si bon?... quelle douleur de le voir si peu connu et si peu aimé... Que ne dépend-il de moi de le faire aimer de l'univers entier... Comment mon cœur est-il si froid, après toutes les grâces dont j'ai été si abondamment favorisée...

C'est ainsi que Rose exprimait son amour pour le divin Maître... c'est ainsi qu'autrefois sa séraphique maîtresse avait exprimé le sien.

CHAPITRE XX.

ROSE EST INSTRUITE ET CONSOLÉE DEVANT L'IMAGE DE LA MÈRE DE DIEU DANS LA CHAPELLE DU ROSAIRE.

La statue de cette chapelle est en bois et exécutée avec un rare talent. La Sainte Vierge y est représentée portant l'Enfant-Jésus et tenant de l'autre main un Rosaire. Les premiers chrétiens qui vinrent s'établir dans les Indes y portèrent leur protectrice avec eux; et la placèrent solennellement chez les Frères prêcheurs, qui eurent la gloire d'élever la première église au vrai Dieu dans ces contrées lointaines.

Le commencement de la propagation de la foi fut des plus heureux dans ce pays. L'église de l'ordre de Saint-Dominique fut la première que l'on bâtit sous la protection spéciale de la Sainte Vierge dite N. D. du Rosaire. C'est là que les premiers catéchumènes furent amenés à la connaissance de Dieu, c'est là qu'ils furent introduits par la porte du saint baptême dans la bergerie du Seigneur; c'est là enfin que les sacrements commencèrent à être dispensés, et que se répandirent comme d'un parterre les fleurs abondantes de la foi naissante.

En 1535, une guerre cruelle éclata entre les chrétiens et les Indous. Ces derniers, mettant leur confiance dans la supériorité de leurs troupes, se réjouissaient à la pensée que bientôt ils fouleraient les chrétiens à leurs pieds. Mais leur espoir fut trompé, et les religieux de saint Dominique ayant imploré le secours de Marie, cette bonne mère, si justement appelée la consolatrice des affligés, ne fut pas sourde à leur prière ; et au moment où les deux armées en présence allaient en venir aux mains, on vit apparaître dans le ciel cette Reine de gloire ainsi qu'elle est représentée dans la chapelle du Rosaire, mais tenant un glaive et menaçant les Indous.

Epouvantés à cette vue, les Gentils se hatèrent de demander la paix, et se courbèrent sous le joug de la foi.

Cet étonnant miracle produisit une grande impression sur les cœurs, et dès ce jour, la statue de Notre-Dame du Rosaire devint l'objet de la plus profonde vénération.

L'an 1643, et alors que le royaume du Pérou était menacé, le roi catholique mît toute sa cenfiance en Marie, et engagea son peuple à prendre pour protectrice celle qui déjà l'avait si efficacement secouru. Il fut donc arrêté qu'au mois d'octobre de chaque année, dans l'octave de la fête de N. D. du Rosaire, il y aurait une procession solennelle à laquelle assisteraient toutes les autorités de la ville ayant à leur tête l'archevêque de Lima, et que la statue de la Sainte Vierge portée en triomphe y recevrait les honneurs militaires.

On ne saurait se faire une juste idée de la foule mmense qui se rendait à cette procession annuelle, et de la confiance avec laquelle le peuple allait prier chaque jour à la chapelle de N. D. du Rosaire. Mais revenons à notre sainte. Dès sa plus tendre enfance, Rose eut une dévotion particulière pour cette chapelle. Le jour où elle reçut le saint habit des Dominicaines, aux pieds de la statue qui y était vénérée, le cœur de Marie de Oliva sa mère fut instantanément changé, et celle qui jusqu'alors n'avait vu qu'à regret la détermination de sa fille, comprit enfin de quel précieux privilége cette dernière était favorisée. Dieu daigna l'éclairer lui-même en la rendant témoin d'un privilége inouï. Elle vit sa fille quitter un instant la terre, pour s'élever vers le ciel. Hors d'elle-même de surprise et d'admiration, et pénétrée du plus profond attendrissement, elle répandit un déluge de larmes.

Toutes les fois que Rose avait quelques grâces à demander, elle allait se prosterner devant l'autel du Rosaire. Là elle contemplait avec amour cette image chérie, là aussi ses prières étaient souvent exaucées. Lorsqu'elle quittait ce lieu si cher à son cœur, l'expression toute céleste et le calme angélique répandus sur son visage faisaient connaître les grâces ineffables dont elle venait de jouir; et malgré tous ses efforts pour les cacher, elles ne pouvaient échapper à l'œil scrutateur de Marie Uzatégui, qui lui disait en la voyant :

« O Rose! de bien grandes faveurs vous ont été ac-
« cordées aujourd'hui. »

« Oui (répondait-elle modestement) la reine du ciel a daigné combler de ses faveurs son indigne servante. »

Un jour que l'on demandait à notre sainte de quelle manière la sainte Vierge communiquait avec elle, voici comment elle s'exprima :

« Ce genre de communication ne saurait être comparé

au langage ordinaire des hommes. Il est purement sympathique ; et le son des paroles ne peut se rendre. Il se passe quelque chose d'indéfinissable sur le front de cette statue qui m'instruit mieux que ne le feraient les discours les plus éloquents. Ces signes sont d'une si grande justesse qu'il me serait impossible de ne pas les comprendre. Les mêmes effets se produisent sur la face adorable de l'Enfant Jésus ; et ces deux images sont pour moi le livre le plus exactement écrit. Cette connaissance et cette compréhension exactes se présentent à mon esprit avec une si grande netteté, que je saisis facilement des choses qui ne sauraient être rendues par une bouche humaine. »

On sut bientôt dans la ville que les prières de notre sainte devant cette image étaient exaucées, et le nombre de grâces que l'on vint de toutes parts la prier de demander fut innombrable.

Le confesseur de Rose vint un jour réclamer le secours de ses prières, pour demander au Seigneur de rendre la paix à un monastère de Lima, où le démon avait introduit l'ivraie de la discorde si horrible aux yeux de Dieu. Notre sainte, dont le cœur était si naturellement porté à secourir ses frères, s'empressa de se rendre à ses désirs et vola à la chapelle du Rosaire, mais elle n'y fut pas exaucée, et rentra le cœur plein de tristesse. Le lendemain elle continua ses ferventes prières, et cette fois elles furent favorablement entendues.

A son retour chez Gonzalve, Marie Uzatégui lui demanda le sujet de la satisfaction qu'elle paraissait ressentir ; et Rose lui répondit qu'elle venait de recevoir une grande grâce de Dieu : puis son guide spirituel l'ayant questionnée sur la manière dont elle avait été exaucée, elle répondit en ces termes :

« Le premier jour, ce fut en vain que j'essayai de fléchir le divin Enfant par l'intercession de sa sainte mère. Je revins donc le lendemain, et après m'être prosternée de nouveau, je suppliai la très-sainte Vierge en pleurant de prier son adorable Fils de regarder favorablement les besoins si grands de cette malheureuse communauté, et de lui rendre la paix qu'elle avait perdue; j'attendais donc immobile et tremblante, lorsque la joie la plus vive s'empara de tout mon être, et me fit comprendre que mes prières avaient été exaucées. »

Il ne sera pas hors de propos de parler ici des joies ineffables que ressentait Rose dans l'oratoire de Gonzalve, en priant devant un tableau représentant la Sainte Vierge tenant dans ses bras l'Enfant Jésus endormi.

Le sommeil du Sauveur et les veilles saintes de Marie allumaient dans le cœur de Rose les feux de la plus pure charité. Elle n'osait interrompre le sommeil d'un Dieu, et désirait cependant s'entretenir avec sa sainte Mère qui veillait. Son âme ainsi suspendue dans cette double affection de silence et d'amour, elle pouvait dire avec vérité :

« Je dors, mais mon cœur veille. »

Rose s'était un jour prosternée devant une image de la sainte Vierge, et avait les yeux tendrement fixés sur elle; lorsque cédant tout à coup aux transports de son cœur, elle s'écria pleine de joie :

« Continuez, ô ma mère, les choses que vous m'avez
« fait connaître. »

Marie Uzatégui qui était présente, soupçonnant qu'il

se passait quelque chose d'extraordinaire, l'interrogea, et Rose lui dit :

« Après les ineffables faveurs dont la sainte Vierge « daigne me combler, n'est-il pas juste que je lui en « témoigne et mon bonheur et ma reconnaissance. »

Chaque dimanche notre sainte se plaisait à orner la chapelle du Rosaire avec des fleurs qu'elle cultivait de ses propres mains. Tous ceux qui connaissaient son petit jardin ne s'expliquaient pas qu'il pût produire une si grande quantité de fleurs chaque semaine, sans que jamais la sécheresse ou la mauvaise saison leur fussent nuisibles.

Nous avons parlé précédemment d'un vêtement spirituel offert par notre sainte à l'Enfant Jésus à l'imitation de sainte Catherine de Sienne. Il paraît constant qu'elle en offrit un semblable à la très-sainte Vierge, en 1616.

CHAPITRE XXI.

DÉVOTION DE ROSE POUR LE CRUCIFIX. ORNEMENTATION DE LA STATUE DE SAINTE CATHERINE DE SIENNE.

Le principal objet que renfermait l'oratoire de Rose était un crucifix de grandeur naturelle; et cette nouvelle Madeleine, prosternée devant l'instrument de notre rédemption, baisait pieusement les pieds du Sauveur en méditant sur la Passion douloureuse du divin Maître.

Combien de fois elle les mouilla de ses pleurs.... que de soupirs s'échappèrent de sa poitrine...quelle profonde adoration lorsqu'elle priait devant cette croix... Les serviteurs de la maison en furent souvent témoins à son insu... dès qu'elle apercevait une croix, elle la saluait avec un respectueux amour.

On pouvait la comparer pour la croix à un tournesol pour le soleil. On sait qu'une force irrésistible tourne incessamment cette fleur vers lui. Pendant la semaine sainte, lorsque la croix était solennellement exposée à la vénération des fidèles, notre sainte demeurait immobile devant cet objet si cher à son cœur, et ne pouvait en détacher ses regards.

Le respect de Rose pour la croix était si grand, que lorsqu'elle trouvait sur son passage des pailles ou des morceaux de bois qui en rappelaient la forme, elle s'arrêtait pour les ramasser.

Son frère étant sorti un jour avec elle s'en aperçut, et lui fit des reproches assez durs, en lui disant qu'elle s'attirerait les railleries de tous les passants; mais Rose lui répondit : « Ah mon frère ! j'ai une bien plus cruelle douleur en voyant fouler aux pieds avec mépris l'image de la croix adorable où l'agneau de Dieu nous a rachetés au prix inestimable de tout son sang. Je sais que beaucoup de personnes outragent ainsi sans scrupule et sans même qu'il y ait pour eux de péché ces objets indifférents en eux-mêmes, qui par l'effet du hasard forment ces croix. Je ne condamne ni ne reprends leur indifférence ; je désire seulement qu'elles me laissent libre dans la simplicité de ma dévotion.

« Du reste, je ne tiens nullement au sentiment du public à cet égard, et continuerai toujours à rendre hommage à l'instrument sur lequel s'est opérée notre régénération.

Rose avait planté dans son jardin trois romarins. Elle dirigea artistement leurs branches en forme de croix, et arrangea le terrain à l'entour de manière à représenter en petit la montagne du Calvaire. Lorsqu'elle priait dans ce lieu, ses yeux se reposaient avec amour sur l'image de la croix au milieu des feuilles et des fleurs de ces arbrisseaux; et son cœur était rempli d'une douce joie.

Son directeur lui demanda un jour deux de ces romarins, en destinant un à la femme du vice-roi, mais bientôt ces arbustes perdirent leurs feuilles, et il ne resta plus que des troncs desséchés. La jardinière du Calvaire leur manquait, et ils ne pouvaient vivre loin d'elle. Le digne ecclésiastique lui ayant fait part de ce fâcheux contre-temps, elle lui répondit en souriant que les croix de ce genre ne pouvaient se plaire au milieu du monde, et le pria de les lui renvoyer. Quatre jours après, ces plantes redevinrent plus fraîches et plus vivaces que jamais; et les ayant ornées avec une grâce charmante, elle les lui rendit en attribuant à Dieu ce changement si subit.

Il existait à Lima une pieuse confrérie sous l'invocation de sainte Catherine de Sienne, dont la statue était portée en procession chaque année. Pendant toute sa vie, Rose fut chargée de la parer, et l'on peut facilement se faire une idée du zèle qu'elle apportait à s'acquitter de sa mission. Elle répandait souvent de douces larmes en ornant cet objet si cher à son cœur; et un jour il lui échappa de lui adresser ces paroles:

« Vous le savez, ô ma mère, si j'avais seize pata-
« gons(1), je vous revêtirais d'un habit plus digne de
« vous. »

Quelques instants s'étaient à peine écoulés qu'une dame de la ville nommée Hiéronyma di Gama lui envoya cette somme avec un petit billet ainsi conçu :

« Je vous salue, ma sœur Rose, je pense que vous êtes maintenant occupée à l'ornementation de la statue de notre glorieuse protectrice sainte Catherine de Sienne. Voici seize patagons qui sont tombés depuis peu en ma possession. Si vous en avez besoin, servez-vous-en. Adieu. »

Après avoir rendu grâces au Seigneur, Rose s'empressa de faire acquisition d'une belle étoffe, et réalisa le désir qu'elle venait d'exprimer. Dns ce moment, une de ses compagnes de travail vit avec surprise que la

(1) Ancienne monnaie espagnole équivalant environ à trois francs de France.

figure de la statue brillait d'un éclat inaccoutumé, et Rose lui dit :

« C'est une preuve que notre séraphique maîtresse reçoit avec bienveillance notre petit hommage.»

Ce que nous allons dire suffira pour démontrer que dans les moindres choses, Dieu se plaisait à exaucer son humble servante.

Rose désirait avoir des giroflées pour compléter la parure de sa bien-aimée ; mais ces fleurs n'appartenaient pas à la saison dans laquelle on se trouvait. Néanmoins elle prédit qn'il y en aurait le lendemain dans son petit jardin sur une branche qu'elle désigna et qui paraissait morte. Ses compagnes ne purent s'empêcher de sourire à cette prédiction extraordinaire ; mais Rose persista, et le jour suivant elle envoya ces pieuses incrédules les chercher, en les avertissant qu'il y en avait trois d'écloses en l'honneur de la très-sainte Trinité. Sa prédiction se vérifia, et (chose remarquable) à dater de ce jour, le jardin de notre sainte ne cessa jamais dans aucun temps de l'année de produire de ces fleurs.

Une autre fois que Rose s'adonnait aux mêmes soins, la veuve Euphémie Pavéjas se trouva au nombre de ses collaboratrices et lui demanda le secours de ses prières pour la nourrice de son enfant dangereusement malade et qui lui causait la plus vive inquiétude. Rose s'empressa de se rendre à ses désirs et s'adressa en ces termes à sainte Catherine de Sienne :

« O glorieuse mère, voyez l'état affligeant de cette
« pauvre malade, secourez-la, obtenez-lui une entière
« guérison. »

A son retour chez elle, Euphémie trouva la malade si parfaitement guérie, que les médecins crurent pouvoir lui permettre de donner son lait à l'enfant qu'elle nourrissait.

Une autre année que Rose avait passé la nuit dans la même occupation avec Françoise de Montoya ; et pendant que cette dernière était allée prendre quelque repos en attendant le départ de la procession, Rose profita de ce moment de calme pour s'adonner à la prière, dans laquelle son cœur fervent demanda à sainte Catherine de Sienne de préserver Françoise du malheur qui la menaçait. Son vœu fut exaucé, ainsi qu'on va le voir.

Pendant le cours de la procession et pour rendre plus d'honneur à la sainte, le peuple lançait dans les airs des flèches enflammées. L'une d'elles, après avoir effleuré l'œil de Françoise, atteignit une femme qui se trouvait près d'elle et mit le feu à ses vêtements. Françoise donc pensa qu'elle devait son salut aux prières de Rose, mais celle-ci en renvoya toute la gloire à sa patronne en disant à son amie :

« Il était juste que cette grande sainte vous préservât dans ce jour, puisque vous avez passé la nuit à parer son image. »

Au mois d'août 1616 la statue avait été portée processionnellement à l'occasion de la fête principale de saint Dominique, et Rose attendait son retour pour la dépouiller de ses riches habits. Quelques jours auparavant, notre sainte avait ressenti les cruelles atteintes de la goutte, et elle éprouvait de si vives douleurs à la main droite, qu'il ne lui était pas possible de s'en servir. Le médecin craignant un abcès avait fait une prescription adoucissante. Gonzalve présent à la visite de l'homme de l'art, fut douloureusement affecté à la vue de cette main si horriblement gonflée. Le plus grand sujet de peine pour notre sainte était de ne pouvoir s'occuper de sa chère patronne, le jour anniversaire de sa prise d'habit. On avait déjà déposé la statue dans l'oratoire de Gonzalve, lorsque Rose s'agenouilla devant elle, et après avoir prié quelques instants, elle se releva pleine de joie, et demanda des ciseaux à Marie Uzatégui dont la surprise fut extrême en la voyant découdre avec aisance les habits de la sainte. Ne se doutant nullement de cette guérison subite, elle lui dit :

« Épargnez de grâce votre main malade, ma chère
« Rose, nous nous acquitterons de ce soin pour
« vous. »

Mais Rose joyeuse continua en disant que celui qui lui avait donné des mains pour orner l'image de la sainte, venait de lui en rendre l'usage pour lui ôter ses riches habits. Gonzalve entra dans ce moment, et frappé d'une semblable guérison, s'écria en s'adressant à Rose :

« Comment se peut-il que cette main qui était dans un aussi horrible état il n'y a qu'un instant, soit maintenant capable de tant d'agilité ? Laissez-moi de grâce la considérer. »

L'ayant donc regardée avec attention, il la trouva parfaitement saine, aussi forte et aussi libre que l'autre. Il demanda alors comment s'était produit un fait aussi prodigieux, et Rose répondit en ces termes :

« Lorsque je me mis à genoux pour prier, je sentis renaître les forces de ma main, mes doigts se désenflèrent, et les douleurs disparurent entièrement. »

Le médecin revint le lendemain, et ne put s'expliquèr une guérison aussi surprenante. Rose lui donna avec sa simplicité habituelle les mêmes détails qu'à Gonzalve, et depuis ce jour elle ne ressentit jamais à cette main les atteintes de la goutte.

Elle avoua que tandis qu'elle implorait sa sainte maîtresse, son cœur fut inondé des suavités les plus extraordinaires qui se répandirent dans toute sa personne. Un effet si merveilleux n'a rien de surprenant quand Rose en est l'objet, elle qui était si semblable d'esprit et de cœur à sainte Catherine de Sienne, son guide et son modèle.

CHAPITRE XXII.

DÉVOTION DE ROSE ENVERS LE SAINT-SACREMENT DE L'EUCHARISTIE.

Si Rose reçut tant de grâces en ornant la statue de sainte Catherine de Sienne, de combien de faveurs plus grandes encore ne fut-elle pas comblée en s'approchant du très-saint Sacrement de l'Eucharistie.

« Dieu a préparé cette nourriture pour les pauvres. »

Notre sainte n'était encore qu'une enfant lorsqu'elle fut admise pour la première fois au banquet des anges; on avança cet heureux moment, à raison des saintes dispositions qui se firent remarquer en elle dès son jeune âge. Il lui fut permis bientôt de recevoir la sainte communion deux fois par semaine, mais cette jeune vierge aurait désiré le faire plus souvent encore.

Les paroles favorites du bienheureux Bernard étaient celles-ci :

« Ceux qui vous mangent sentent leur faim s'aug-
« menter. »

Rose sentait tellement le besoin de la fréquente communion, qu'elle en éprouvait sans cesse le plus vif désir. La connaissance que ses gides spirituels avaient de cette âme si pure, et si candide, ne leur permit pas de se refuser aux désirs toujours croissants de ce cœur fervent. Ils lui accordèrent donc la précieuse permission de s'approcher de la table sainte trois fois par semaine, plus encore lorsqu'il s'y rencontrait quelque fête, et tous les jours pendant les octaves de Pâques et de la Fête-Dieu.

Alors, et par un sentiment d'humilité, elle s'attachait à remplir ce devoir si doux pour son cœur à des heures différentes, afin d'éviter de fixer l'attention des personnes qui avaient adopté une heure particulière pour assister au saint Sacrifice.

« Il faut cacher le trésor pour le conserver. » (Saint Grégoire.)

Remarquons ici que malgré la fréquence des communions de Rose, et la pureté de sa conscience, elle ne recevait jamais la sainte communion sans s'approcher du tribunal de la réconciliation. Ce n'était pas légèrement qu'elle participait au banquet céleste, mais après avoir scrupuleusement examiné sa conscience, et s'être excitée à la plus parfaite contrition. La veille du jour où notre sainte devait recevoir le pain des anges, elle s'infligeait des jeûnes, des disciplines, et préparait son cœur à la visite du céleste époux par la plus fervente méditation, dont elle puisait les sujets dans le traité sur l'oraison du Père de Grenade.

Elle réunissait alors toutes les forces de son âme, pour recevoir l'hôte adorable qui venait habiter dans son cœur.

On aurait pu croire en la voyant se préparer à cette grande action avec tant de soins, d'efforts et de peines, qu'il ne lui serait permis de l'accomplir qu'une seule fois dans sa vie. Il ne nous appartient pas de donner une juste idée de sa ferveur au moment où elle recevait le Sacrement d'amour. Quelle piété, quelle modestie dans toute sa personne... Les dispositions saintes avec lesquelles Rose s'approchait de son Dieu ne sauraient être exprimées ; il nous faudrait la plume ou le pinceau d'un ange.

Dieu ne permit pas que les sentiments de ce cœur brûlant restassent entièrement cachés ; et il laissa plusieurs fois paraître au dehors les indices de l'ardeur qui la consumait.

Un mardi de la Pentecôte, le père François-Antoine Rodriguez, prédicateur principal, offrait le saint Sacrifice. Au moment de la communion des fidèles et en s'approchant de Rose, il fut très-surpris de l'excessive coloration du visage de notre sainte ; et ce ne fut que longtemps après qu'il reconnut que la ferveur de son cœur en était la cause.

Le père Louis de Bilbao remarqua plusieurs fois en donnant la communion à Rose tant de gloire répandue sur son visage, que ses yeux avaient peine à en soutenir l'éclat. Il lui semblait que le pain des anges donnait à cette jeune vierge une nature angélique. Un pareil prodige fut remarqué par le père Laurenzana, et, frappé d'étonnement, il se demandait à lui-même :

« Qui est donc cette vierge ?... elle est certainement puissante en grâces auprès du Seigneur... »

Le père François Bernard, n'étant encore qu'enfant de chœur, s'aperçut plusieurs fois des effets extraordinaires qui se produisaient lorsque Rose s'approchait de la table sainte. Son jeune âge l'empêchait alors de se les expliquer, mais plus tard il en reconnut la véritable cause. Il plut ainsi au Seigneur de faire paraître quelquefois au dehors les sentiments de ferveur qui remplissaient le cœur de sa servante et le feu dont elle était intérieurement consumée. Dans ces moments suprêmes, elle pouvait être comparée à ces esprits célestes, dont la conversation et le cœur sont incessamment avec Dieu.

A la demande de ses guides spirituels, Rose essaya, quoique à regret, de rendre ce qui se passait dans son cœur lorsqu'elle avait le bonheur de communier. Elle avoua que ses forces recevaient alors un accroissement considérable, qu'il s'opérait dans son esprit comme une espèce de transsubstantiation, et qu'elle goûtait une douceur qui ne pouvait être comparée à rien.

« Vainement, disait-elle, j'essayerais de rendre
« l'immensité de ma joie et l'abondance des fruits pré-
« cieux dont je suis comblée. Rien n'est comparable
« sur la terre aux délices d'une âme qui participe au
« banquet céleste en se nourrissant d'un Dieu qui ras-
« sasie de biens ceux qui sont affamés. »

Ce fut en l'assistant à son heure dernière et au moment où elle venait de recevoir le saint Viatique, que le père Laurenzana recueillit de sa propre bouche les paroles enflammées que nous venons de citer.

« Ma fille, lui dit-il alors, jouissez maintenant de votre céleste époux ; témoignez-lui votre allégresse, et demandez-lui qu'il vous comble de ses faveurs. »

L'un des confesseurs de notre sainte disait un jour que tous les effets que le soleil produisait sur le monde matériel semblaient se faire sentir à son cœur lorsqu'elle recevait la sainte communion. Le soleil vivifie tout, il couvre la terre de fleurs et de fruits ; il enrichit ses entrailles de métaux et de pierres précieuses, il réjouit les oiseaux du ciel ; il éclaire les plus petites parties de l'univers ; il anime et embellit la nature. Tous ces effets se faisaient merveilleusement sentir à l'âme de Rose dans le moment si doux de la communion.

Deux choses se manifestaient dans Rose lorsqu'elle avait le bonheur de communier :

1° La force, 2° la plénitude de grâces.

Lorsque sa mère la conduisait à l'église pour y recevoir son divin Maître, Rose était si épuisée par le jeûne et la discipline qu'elle s'était imposés la veille pour se préparer dignement à cette sainte action, que Marie de Oliva se voyait forcée de la soutenir et de s'arrêter plusieurs fois pendant le trajet, afin qu'elle pût se reposer un peu, mais lorsqu'après la sainte communion elle la ramenait chez elle, Rose avait reçu un tel accroissement de forces dans la réception du sacrement de vie, qu'elle marchait librement devant elle, et représentait l'image du prophète Elie, qui, après avoir mangé le pain miraculeux qui lui avait été apporté par un ange, marcha sans s'arrêter pendant quarante jours jusqu'à la montagne d'Oreb.

De retour à la maison paternelle, ses forces s'étaient tellement accrues, qu'elle se retirait dans le secret de son oratoire et y demeurait jusqu'à la nuit, profondément abîmée dans celui qu'elle possédait. Elle méditait avec bonheur sur l'incomparable faveur qu'elle venait de recevoir sans que la moindre pensée étrangère vînt se présenter à son esprit.

Elle ne pouvait se résoudre à acquiescer à la demande des personnes qui l'entouraient, de prendre quelque nourriture pour réparer ses forces épuisées par le jeûne austère qu'elle avait pratiqué la veille. Il arriva même qu'ayant obtenu la permission de s'approcher de la sainte table huit jours de suite, elle passa tout ce temps dans l'abstinence la plus absolue.

Ces mêmes effets sont consignés dans la vie de sainte Catherine de Sienne, sa bien-aimée maîtresse.

Rose entendait chaque jour toutes les messes qui se célébraient à l'église des Frères-prêcheurs depuis le matin de fort bonne heure jusqu'à midi ; et y demeurait dans une immobilité telle qu'on aurait pu la prendre pour une statue de marbre.

La sainte hostie était le véritable centre de Rose. Lorsque les yeux fixés sur le tabernacle, elle faisait son adoration à l'église, elle était si entièrement absorbée devant son divin Maître, que toutes les choses extérieures lui devenaient étrangères ; elle ne s'apercevait de rien de ce qui se passait autour d'elle, et ne voyait que l'adorable objet de son amour.

Lorsque le très-saint sacrement était exposé à la vénération des fidèles pendant les prières des quarante heures, Rose demeurait prosternée jusqu'au soir, et la joie qu'elle ressentait de la présence de son Dieu lui faisait oublier de prendre aucune nourriture.

Pendant l'octave du Saint-Sacrement elle passait toutes ses journées aux pieds des tabernacles : et ses confesseurs ne pouvaient comprendre comment il restait assez de forces à son corps épuisé par les pénitences de tout genre qu'elle pratiquait sans cesse pour pouvoir demeurer immobile pendant si longtemps, et dans une attitude si gênante.

Pendant la semaine sainte, elle restait humblement prosternée devant le très-saint sacrement tout le temps qu'il était déposé dans le tombeau, et ne se relevait que lorsqu'on venait l'y chercher processionellement pour le rapporter dans le tabernacle.

Son corps était alors insensible à la faim, à la soif et à la fatigue. Tout occupée de son adorable Sauveur, elle passait ainsi des jours et des nuits à lui exprimer son amour et son respect, sans s'asseoir un instant, ni même s'appuyer contre la muraille qui était près d'elle.

Dans le courant de la vie commune, son cœur restait uni à Dieu. Si dans la conversation le nom du très-saint Sacrement était prononcé, Rose s'inclinait avec respect; et lorsque le son de la cloche annonçait le salut dans quelque église, une vive rougeur colorait ses joues, et indiquait la joie que ressentait son cœur. Rien n'égalait son bonheur en entendant des sermons sur le très-saint Sacrement.

Ces paroles s'imprimaient si fortement dans sa mémoire qu'il lui arriva plusieurs fois de les répéter telles qu'elles avaient été prononcées un an auparavant.

Rien n'était plus agréable à Rose que de travailler pour les églises; surtout lorsque l'on préparait le reposoir où devait être déposé le corps de N.-S. Jésus-Christ pendant les jours saints.

Elle maniait l'or et la soie avec un talent tout particulier. Elle savait varier les feuillages et les fleurs avec une grâce infinie. Elle faisait souvent des palles et des voiles de calice que l'on ne pouvait s'empêcher d'admirer. Malheureusement ses parents étaient pauvres, et par son travail elle s'efforçait de subvenir à leurs besoins. Sa mère se plaignant quelquefois de ce qu'elle employait trop de temps à travailler pour les églises, notre sainte résolut de consacrer ses journées au bien-être de sa famille, et les nuits à l'embellissement de la maison de Dieu.

Poussé sans doute par sa mère, le confesseur de Rose lui reprochant un jour d'épuiser ses forces, elle lui répondit :

« Je ne dois pas craindre d'affaiblir mes forces au « service d'un Dieu qui a tout fait pour moi. »

Une circonstance mémorable s'offrit à notre sainte de montrer la force et l'étendue de sa ferveur et de son courage. L'an 1615 on aperçut au loin sur la mer une flotte hollandaise qui s'avançait à pleines voiles, et les plages du Pérou furent plongées dans la consternation.

Le clergé de Lima s'empressa d'exposer le très-saint Sacrement dans toutes les églises, afin que les fidèles pussent implorer en lui la miséricorde divine. Les vaisseaux s'approchèrent rapidement, et l'on put bientôt distinguer que l'on y faisait les préparatifs de débarquement. Tous les citoyens et même les ecclésiastiques furent sommés de prendre les armes, et il était malheureusement hors de doute que l'invasion de ces hérétiques avait pour principal but la profanation des choses saintes, le renversement des églises, et l'extermination de la religion catholique. Pendant ce temps, plusieurs femmes pieuses s'étaient réunies à notre sainte dans l'église Saint-Dominique, où elles recommandaient leur malheureuse patrie au Seigneur.

La plus grande crainte de Rose était que les ennemis, dont on connaissait la barbarie, ne pénétrassent dans le lieu saint, et n'eussent la criminelle audace de profaner les saintes Hosties. Tandis que son cœur abîmé de douleur et d'anxiété offrait les plus ardentes prières, on vint leur annoncer que les ennemis étaient débarqués et qu'ils s'avançaient par bandes vers la ville. A cette sinistre nouvelle, le calme de Rose ne se démentit pas et elle songea avec transport que le moment était arrivé pour elle de faire le sacrifice de sa vie pour la défense du très-saint Sacrement. Entraînant donc ses compagnes dans la chapelle de Saint-Jérôme, et le visage rayonnant d'une joie toute céleste, elle les exhorta à souffrir le martyre, en leur faisant entrevoir comme un bonheur d'offrir le sacrifice de leurs vies sous les yeux et en la présence même de l'adorable victime, puis, saisissant des ciseaux, elle coupa ses cheveux et releva ses manches. Comme ou lui demandait l'explication de cet acte si extraordinaire, elle répondit :

« Je me prépare au combat et veux m'y livrer en toute liberté. Toujours immobile près de l'autel qui renferme l'objet sacré de mon amour, je livrerai mon corps aux blessures et à la mort pour la défense de mon Seigneur et de mon Dieu. Je ne l'abandonnerai jamais, et percée de coups, je tomberai avec joie devant lui sous la hache des ennemis. Je ne leur demanderai pas de m'épargner ni même de me donner promptement la mort, mais de me faire souffrir un long martyre, et d'arracher ma chair par lambeaux, afin que le moment horrible où ils outrageront le céleste Époux soit retardé le plus possible. » Le feu qui brillait alors dans ses yeux, le calme répandu sur son front, et l'attitude pleine de noblesse de toute sa personne en prononçant ces paroles, témoignaient de son courage héroïque pour la défense de notre adorable Sauveur à tous, et ses compagnes avaient peine à reconnaître en elle cette Rose naguère si timide et si douce; ses manches relevées laissaient voir le Rosaire qui entourait son bras, et dans ce moment suprême cette rangée de perles fragiles qui avaient tant de fois servi à exprimer l'amour d'un cœur pur et fervent, étaient sans doute plus puissants devant Dieu que toutes les armes de l'ennemi. Les regards constamment fixés sur les portes de l'église, Rose se préparait à opposer aux ennemis toute la résistance dont elle était capable dans ce moment. Tandis que son sang bouillonnait dans ses veines, et qu'elle se préparait au combat en encourageant celles qui l'entouraient, on leur annonça la délivrance de la patrie. L'amiral hollandais venait de mourir presque subitement, et les soldats débarqués, obligés d'obéir au signal de la retraite, fuyaient vers le rivage avec rapidité.

Les alarmes se changèrent donc en joies, mais après avoir rendu grâces à Dieu d'un si grand bienfait, Rose jetant un regard sur elle-même, il lui répugna de se montrer en public après le changement qu'elle avait fait subir à sa chevelure, et elle attendit la nuit pour rentrer sous le toit paternel.

Le courage ne manqua donc pas au martyre de Rose, mais bien le martyre à son courage. Elle déplorait souvent de n'avoir pas vécu du temps des persécutions où le sang des chrétiens rougissait les amphithéâtres, et regardait comme inestimable la félicité de ceux à qui il avait été donné de sceller leur foi en répandant jusqu'à la dernière goutte de leur sang.

Un jour elle disait avec l'accent de la douleur à une de ses amies :

« Plût à Dieu qu'il nous fût accordé d'être mises à
« mort pour lui par les infidèles. »

Enfin, comme il lui était refusé de souffrir les persécutions, elle y apportait du moins une sorte de compensation, en repassant dans son esprit les différents supplices des martyrs qu'elle aurait tant désiré imiter, et à l'exemple de saint Ignace, patriarche d'Antioche, elle eût voulu voir broyer son faible corps comme le froment sous la meule, en reconnaissance de cette charité infinie de N.-S. Jésus-Christ, le pain des anges qui se fit le pain des hommes.

CHAPITRE XXIII.

ZÈLE ARDENT DE ROSE POUR LE SALUT DES AMES.

Celle dont le cœur brûlait de tant d'amour pour le très-saint Sacrement de l'Eucharistie ne pouvait être insensible au salut de ses frères. Elle savait aimer et apprécier les âmes rachetées au prix inestimable du sang d'un Dieu. Chaque fois que ses regards se tournaient vers les autres peuples de l'Amérique, son cœur était douloureusement affecté, et elle pleurait sur celui du Chili, qui était malheureusement revenu à ses anciennes erreurs. Semblable à sa séraphique maîtresse, Rose aurait généreusement consenti à souffrir le martyre pour sauver les infortunés qui se précipitaient aveuglément dans l'enfer, dont elle aurait voulu fermer l'entrée avec son corps, pour que ces malheureux ne fussent pas privés du bonheur éternel qui leur avait été mérité par l'adorable Passion de N.-S. Jésus-Christ.

Un de ses confesseurs, désigné pour aller porter les lumières de l'Evangile aux nations barbares, éprouvait de la répugnance à s'acquitter de cette mission. Rose l'ayant appris, l'exhorta à entreprendre cette belle œuvre en lui prédisant que ses travaux seraient couronnés du plus heureux scucès.

« Croyez, mon père (lui dit-elle), que cet acte de dé-

« vouement est véritablement celui par excellence de
« la dignité ecclésiastique à laquelle la divine assis-
« tance ne manquera jamais. Volez donc au secours de
« ces âmes abandonnées et en danger de se perdre
« pour toujours ; et n'oubliez pas que pour une seule
« de ces brebis égarées que vous ramènerez à la bergerie
« du divin pasteur, vous recevrez un jour une cou-
« ronne dont l'éclat brillera éternellement. » Cet ecclésiastique se défendit encore, alléguant sa faiblesse et
son indignité, mais l'éloquence et la persuasion de
Rose triomphèrent; reconnaissant enfin que les paroles
de notre sainte lui étaient inspirées, il partit avec confiance en se recommandant à ses prières.

Malgré son humilité, Rose lui promit d'offrir à Dieu
à cette intention ses prières, ses jeûnes et ses mortifications, à la condition qu'elle participerait aux récompenses spirituelles réservées à ceux qui travaillent à la
conversion des infidèles, et ce prêtre ayant été pendant
longtemps son guide spirituel, et pouvant apprécier à
leur juste valeur les mérites devant Dieu de cette âme
choisie, souscrivit à son désir.

Notre sainte engageait chaque jour les prêtres de sa
connaissance, et particulièrement les Dominicains, à
porter les lumières de l'Evangile aux gentils. Elle leur
montrait la nécessité et la justice de diriger vers ce
noble but toutes leurs études, et de voler vers ces plages
lointaines et abandonnées à l'erreur pour y faire luire
les lumières de la foi, et ramener au Seigneur le
nombre infini d'âmes qui ne le connaissaient pas. Elle
leur faisait remarquer le vide des connaissances qui
ne servaient pas à convertir les âmes, et les dangers
auxquels ils s'exposaient eux-mêmes, en recherchant

dans un coupable repos une gloire fragile et les vains applaudissements des hommes.

Rose déplorait souvent de ne pouvoir joindre ses travaux à ceux des missionnaires. Quel bonheur eût été pour elle de suivre l'impulsion de son cœur?...

Avec quelle joie et quel empressement elle se serait élancée dans cette sublime carrière qui lui inspirait tant d'amour et de vénération !...

Afin de diminuer un peu ses regrets, notre sainte cherchait tous les moyens de suppléer aux travaux et aux voyages que son sexe ne lui permettait pas d'entreprendre. Elle adopta un malheureux orphelin en bas âge abandonné et sans ressources, dont elle commença l'instruction et déposa dans ce jeune cœur la semence de la vertu. Plus tard, ayant recueilli quelques aumônes, elle lui fit recevoir une éducation religieuse et soignée, et lui peignit avec tant de persuasion et de force le bonheur de travailler à la vigne du Seigneur, qu'elle lui fit partager ses sentiments, et obtint en récompense de ses soins et de sa sollicitude maternelle qu'il irait porter les lumières de la foi aux infidèles : ce fut une compensation à tout ce qu'elle ne pouvait faire elle-même.

Les pécheurs qui vivaient dans l'oubli de Dieu ressentaient souvent les effets de la commisération de Rose. Lorsqu'elle connaissait une âme dans ce déplorable état, elle s'efforçait de lui obtenir son pardon du ciel, en pratiquant elle-même les pénitences et les macérations les plus cruelles. Rose disait souvent qu'à la place d'un prédicateur, elle s'armerait d'un cilice et parcourrait la ville un crucifix à la main en disant :

« Faites pénitence, pécheurs, faites pénitence. Eloi-
« gnez-vous des vices honteux qui vous rendent sem-
« blables à des animaux sans intelligence, et qui
« infailliblement vous précipiteront dans les gouffres
« de l'enfer. Fuyez ces précipices et ces écueils, car
« une éternité de malheur sera la punition de vos
« fautes. Voyez le péril auquel vous exposez vos âmes...
« Pleurez la perte de cette brebis si chère au bon Pas-
« teur... Ne perdez pas de vue les souffrances d'un
« Dieu pour vous... ses épines, sa flagellation, son
« sang, sa mort cruelle... Revenez par pitié, et tandis
« qu'il en est encore temps, à ce divin Rédempteur.
« Car si vous le méprisez aujourd'hui, il sera peut-
« être trop tard demain. »

Le pouvoir de Rose sur les pauvres pécheurs était si grand, que plusieurs d'entre eux se sentirent touchés de la grâce et revinrent à Dieu, en entendant notre sainte exhaler l'amour divin qui remplissait son âme.

Le père François-Antoine Rodriguez ayant été nommé prédicateur principal, elle lui fit les réflexions suivantes :

« Si vous avez été choisi, mon père, par la divine providence pour accomplir cette importante mission, c'est afin de rappeler au bien et de ramener dans les voies du salut des pécheurs qui se perdraient sans le secours de votre parole. C'est par la grave simplicité de cette même parole que vous parviendrez à ce but, que vous prendrez dans vos filets le plus grand nombre possible de ces âmes infortunées ; et que les ayant fait sortir du plus profond des abîmes, vous les conduirez enfin au port assuré de la pénitence.

Un jeune homme d'une naissance distinguée, nommé

Vincent Monrézium Vénégas, vint fixer sa demeure près de celle des parents de Rose. Frappé de la beauté de la jeune vierge, et ayant perdu l'espoir d'aspirer à sa main, il cherchait toutes les occasions de la voir. Il se présenta donc chez sa mère, sous prétexte d'un ouvrage qu'il désirait lui confier; et Marie de Oliva appela sa fille; mais celle-ci, entièrement éclairée sur le véritable motif du jeune homme, se mit à genoux et adressa cette prière à Dieu :

« O bon Jésus, donnez-lui la connaissance de la vérité en éloignant de son esprit les mauvaises pensées, et que votre cœur divin change le sien. »

Puis se rendant près du jeune Vénégas, elle lui dit :

« Je déplore vos vices et vos fautes, gémissez-en à
« votre tour et revenez à Dieu. Tout ce qui ne nous
« mène pas à lui n'est que mensonge; tout ce qui
« vient de la nature corrompue donne la mort à l'âme.
« Connaissez le danger où vous êtes, ô Vincent!...
« Brisez les liens qui vous retiennent loin de Dieu;
« et obéissez à ses divins commandements, car l'in-
« fraction à ses ordres conduit à la damnation éter-
« nelle. Les choses que vous vous efforcez de tenir
« cachées au fond de votre cœur sont connues de celui
« qui voit tout. »

Ce jeune homme fut comme frappé de la foudre par ces paroles. Elles firent une si profonde impression sur lui, que sentant son cœur subitement changé, il répondit à notre sainte :

« Ce que vous venez de me dire vous a sans doute été inspiré de Dieu, qui seul a pu vous faire pénétrer les pensées secrètes de mon cœur; mais achevez de grâce ce que vous avez si heureusement commencé. Obtenez moi la force de travailler sérieusement à la grande affaire de mon salut, que je n'ai que trop négligé jusqu'ici; et priez le Seigneur de regarder favorablement les dispositions présentes de mon cœur. »

Rose lui promit le secours de ses prières, et celui qui était naguère si éloigné de Dieu, devint un sujet d'édification et de joie pour les personnes pieuses qui avaient été témoins de ses égarements passés. Il fit de si grands progrès dans la piété, et devint si fervent, que son confesseur crut devoir lui permettre de s'approcher souvent des sacrements. Quelle ne fut pas la joie de notre sainte, à la vue d'un si admirable changement.

Marie de Mesta, femme de Médor Angelini, était d'un caractère fort irascible. Elle tomba gravement malade et ses souffrances augmentèrent à un tel point son caractère violent, qu'elle devint bientôt insupportable à sa propre famille.

Dans ses moments d'exaspération, elle frappait tous ceux qui l'approchaient, et la maison retentissait de ses cris. Ayant souvent entendu parler de Rose, elle désira la connaître et vint un jour la voir.

Notre sainte saisit avec empressement cette occasion, et lui parla avec tant d'entraînement de la paix de l'âme et des moyens qu'elle avait à prendre pour se la procurer, que le cœur de cette femme en fut profondément attendri.

A dater de ce jour, il s'opéra le changement le plus notable dans son caractère; et elle devint aussi patiente et aussi résignée, qu'elle avait été jusqu'alors difficile et emportée.

Si par la force de l'habitude elle retombait involontairement dans sa colère, elle reportait aussitôt sa pensée sur l'angélique douceur de Rose, et à l'instant le calme renaissait dans son âme troublée; enfin elle parvint plus tard à un tel degré de patience et de douceur, qu'elle demanda comme une faveur à Dieu d'augmenter ses souffrances et ses peines.

Nous remarquerons en passant que le zèle de Rose, lorsqu'elle travaillait à ramener ses frères égarés, la rendait éloquente, mais que sa modestie la portait naturellement au silence

Elle obtint la parfaite guérison d'une personne malade et atteinte depuis quatorze ans de frénésie. Les prières de notre sainte lui furent plus salutaires encore, en appelant sur elle un bien mille fois plus précieux, celui de son sincère retour à Dieu...

Pierre Loraïsa, Dominicain, connaissant la charité de Rose pour le prochain, vint lui parler un jour d'un de ses frères malade qui luttait péniblement avec la mort et éprouvait de grands scrupules sur le sort qui lui était réservé dans l'autre vie. Il frémissait à la seule pensée de la justice divine, et on avait lieu de craindre qu'il ne tombât dans le désespoir. Ce récit affecta péniblement le cœur de notre compatissante sainte, qui engagea le père Loraïsa à faire tous ses efforts pour ranimer la confiance du malade dans la miséricorde de Dieu, en ajoutant qu'elle allait prier pour qu'un heureux changement s'opérât dans son esprit, et qu'elle offrirait au Seigneur le peu de bien qu'elle avait pu faire pendant sa vie, pour suppléer à ce que cette âme affligée croyait qui lui manquait. A son retour au couvent, celui qui venait d'intercéder pour le pauvre malade le trouva totalement changé. Ce cœur naguère abîmé de crainte nageait dans la joie et l'espérance. La libéralité de Rose envers lui fut comme un baume salutaire qui se répandit dans tout son être, et plein de confiance dans les mérites de notre sainte, il reçut avec bonheur les derniers sacrements et s'endormit paisiblement dans le Seigneur.

Quelques temps après, le même père ayant fait part à Rose de ses doutes sur le salut de celui qui venait de mourir, elle le tranquillisa en l'assurant qu'il jouissait pleinement des joies ineffables du paradis.

Ce bonheur lui avait été sans doute accordé en faveur de la prodigieuse charité de notre sainte envers lui. Il n'y avait en effet rien de précieux auquel Rose ne renonçât, et qu'elle n'employât avec empressement au salut de ses frères.

CHAPITRE XXIV.

ZÈLE DE ROSE A SECOURIR LE PROCHAIN.

En lisant les détails des derniers honneurs rendus à Rose après sa mort, on ne peut s'empêcher de reconnaître dans cette sainte si dépourvue des biens temporels la véritable mère et nourrice des pauvres. Les regrets et les larmes de ceux-ci en la voyant ravie à leur amour par une mort si prématurée, témoignèrent de leur profonde douleur. Ainsi que nous l'avons dit, les parents de Rose était fort pauvres, et le travail de leur fille suffisait à peine à leurs besoins. Dans ce dénûment si complet, son zèle et son amour pour le prochain lui suggéraient mille moyens de les assister. Tantôt, elle partageait avec eux le peu d'argent qu'elle avait, d'autres fois, ne possédant absolument rien, elle se condamnait au pain et à l'eau pendant une semaine pour pouvoir les secourir.

On donna un jour une pièce de toile à Gaspard Florès, son père, qui la remit à sa femme pour qu'elle l'employât aux besoins de sa famille. Marie de Oliva en détacha trente-six aunes qu'elle donna à sa fille pour son usage particulier.

« Est-ce bien vrai, ma mère, lui dit-elle, que vous me donnez cette énorme quantité de toile ?... »

« Elle est à vous, répondit sa mère, et vous pouvez

en faire ce que vous voudrez. A ces paroles, Rose transportée de joie s'empressa de porter cette toile à des jeunes personnes bien nées, et aussi recommandables par leurs vertus que par l'affreuse misère dans laquelle était plongée leur famille.

Quelque temps après, sa mère lui ayant demandé l'usage qu'elle se proposait d'en faire, Rose lui dit que dans la pensée qu'elle ne pouvait être mieux employée, elle l'avait converti en aumônes.

Marie de Oliva blâma cet usage et fit observer à sa fille que si elle tombait malade un jour, elle pourrait manquer de linge ; mais Rose lui répondit en souriant :

« Ne m'avez-vous pas commandé d'en faire l'usage que je voudrais... Je vous ai obéi... Il est vrai que je dois être malade un jour, mais alors je ne manquerai de rien. »

La suite justifia les dernières paroles de Rose ; elle devint malade en effet, mais eut en abondance tout ce qui lui était nécessaire.

Il était d'usage à Lima que les dames ne sortissent jamais de leurs demeures sans être couvertes d'un voile. Rose s'apercevant un jour que sa mère en rentrant avait déposé le sien sur une chaise, s'en empara et s'empressa de le porter à l'une des demoiselles dont nous venons de parler. Marie de Oliva, après l'avoir vainement cherché, soupçonnait quelque personne du dehors de l'avoir enlevé, lorsque Rose lui avoua la vérité en ces termes :

«C'est moi qui l'ai pris. Croyez cependant, ma mère, que je n'ai pas commis une faute par l'usage que j'en ai fait. Je l'ai donné à la pauvre Montoya qui ne pouvait sortir faute de cet ajustement, et était ainsi privée du bonheur de se rendre à l'église. D'ailleurs, il commençait à s'user et sera bientôt remplacé. »

Comme Rose l'avait dit, peu de temps après sa mère reçut trois longs voiles tous neufs.

Une jeune personne, nommée Jeanne Robadilla, habitait hors de la ville. La perte de ses parents l'avait jetée dans la plus affreuse détresse, et pour comble d'adversité, elle était dévorée par un cancer qui mettait sa vie en danger. La ville de Lima n'était pas alors aussi considérable qu'elle l'est devenue depuis, et le trajet qu'il fallait faire pour se rendre chez la pauvre malade était si difficile que le médecin ne pouvait la visiter que fort rarement. La pauvre Jeanne gémissait donc triste et abandonnée dans son réduit. Rose, ayant été instruite de son malheur, obtint de sa mère de la faire transporter chez elle, et la soigna pendant plusieurs mois avec la plus tendre sollicitude. Sa charité fut couronnée du plus heureux succès, et elle eut la douce satisfaction de la voir rendue à la plus parfaite santé.

Marie de Oliva savait tout le bonheur qu'éprouvait sa fille à recueillir et à soigner de ses propres mains de pauvres malades; et tout en lui faisant comprendre la réserve qu'elle devait mettre à cette œuvre en songeant aux nombreux besoins de sa famille, elle lui accordait quelquefois cette grâce, pour laquelle notre sainte ne savait comment lui exprimer sa reconnaissance.

Lorsque l'un de ces affligés se trouvait sur son passage, elle s'empressait de le faire entrer chez ses parents; et ne le renvoyait qu'après avoir pansé ses plaies, lavé et raccommodé ses vêtements, et lui avoir donné à manger.

Elle ne faisait aucun choix dans les malheureux qu'elle soulageait : Indiens ou Espagnols, blancs ou gens de couleur, libres ou esclaves, tous les êtres souffrants avaient un droit égal à sa commisération. La simple vue de leur infortune suffisait pour exciter sa charité. Ses mains si pures leur rendaient les plus pénibles soins, et son zèle ne se ralentissait jamais, quelque repoussants que fussent leurs maux.

On la voyait souvent à l'hôpital des femmes malades, qu'elle entourait des soins les plus assidus. Un jour qu'elle venait d'en quitter une après avoir pansé ses plaies, sa mère s'aperçut que sa robe était couverte de taches qui exhalaient une odeur infecte, et s'écria avec l'accent de l'indignation :

« Est-ce donc pour la ternir ainsi, que cette robe vous a été donnée?... et avez-vous été nommée Rose pour répandre autour de vous une odeur aussi fétide?... Si dans votre enfance vous vous opposiez à porter des gants parfumés, n'incommodez pas du moins aujourd'hui d'une manière aussi révoltante les personnes qui vous approchent. »

Rose répondit avec douceur :

» Nous répandons un doux parfum devant Dieu,
« lorsque nous soulageons ses membres souffrants. La
« charité n'a pas de vaines délicatesses, et les infirmi-
« tés du prochain ne lui inspirent aucun dégoût. Sou-
« venons-vous, ô ma mère, que nous sommes tous
« pétris du même limon, et destinés à la pourriture.
« Je fais peu d'attention aux taches d'un vêtement ; ce
« qui excite ma douleur et mes larmes, c'est de pen-
« ser que la face adorable de mon divin Sauveur a été
« flétrie par les soufflets ; et qu'elle a enduré l'insulte

« la plus horrible de la main de l'un de ses infâmes
« bourreaux. Voilà ce qui doit être pour nous un vé-
« ritable sujet d'horreur. »

Le trait que nous allons citer montrera le courage de Rose dans tout son éclat et son héroïsme.

Elle avait obtenu de sa mère la permission de recueillir chez elle une pauvre veuve nommée Isabelle de Merta, afin de pouvoir la soigner elle-même. Le médecin, après l'avoir saignée, recommanda de conserver le sang jusqu'à son retour. Il ne put revenir que deux jours après, et lorsqu'on lui montra ce sang, il était dans un tel état de décomposition et répandait une si horrible odeur que Rose se sentit prête à défaillir. Effrayé de la malignité qu'indiquait cette putréfaction, le médecin ordonna à l'un des serviteurs de la maison d'aller le jeter au loin ; mais notre sainte se reprochant le mouvement involontaire de la nature qu'elle venait d'éprouver, voulut l'expier devant Dieu et dit au domestique qu'elle allait se charger de cet office. Elle sortit donc de la chambre en emportant cet objet d'horreur, et lorsqu'elle fut toute seule, elle s'adressa à elle même ces durs reproches :

« Où donc est cet amour du prochain que vous prétendez avoir ?... Pourquoi ce sang décomposé fait-il une si grande impression sur vous ?.. Est-ce là ce que vous a enseigné votre séraphique maîtresse ?... Ne savez-vous donc pas encore que vous surpassez la corruption de ce sang par vos vices et vos péchés ?.. Venez, délicate, venez apprendre que vous ne devez pas avoir de dégoût pour votre semblable qui représente comme vous l'image de votre divin Sauveur. » Après avoir prononcé ces paroles (la main frémit d'horreur en écrivant ce qui va suivre), notre admirable sainte eut le courage héroïque de boire lentement ce sang infect ; puis s'essuyant les lèvres pour qu'il n'en restât aucune trace, elle nettoya le vase et rentra dans la chambre de la malade.

Cet acte si au-dessus des forces humaines fut découvert un jour par Isabelle qui trouva le linge qui avait essuyé ses lèvres.

Après un trait semblable on ne peut mettre en doute que Rose ait été la représentation vivante de sainte Catherine de Sienne.

Jean de Timéo Almianza, archiviste de la chambre royale et procureur du tribunal, aussi remarquable par sa piété que par ses vertus, et intimement lié avec Gonzalve, eut occasion de voir Rose et d'entendre souvent parler du nombre infini de malades rendus à la santé par le secours de ses ferventes prières. Etant tombé assez dangereusement malade lui-même, il se prépara à la mort, et demanda les secours de la religion.

Il pria donc la femme de Gonzalve de réclamer pour lui les secours de Rose. Marie Uzatégui s'acquitta de cette mission, et obtint de notre sainte de l'accompagner près du malade. Elles sortirent toutes deux en lui faisant dire qu'aussitôt qu'elles auraient entendu la sainte messe aux Dominicains, elles se rendraient près de lui. Lorsque Rose entra dans sa chambre, tous ceux qui étaient près du malade éprouvèrent un saisissement inexprimable, et Jean de Timéo, se tournant vers elle, remarqua dans toute sa personne quelque chose d'angélique et de noble qui lui inspira la plus grande confiance. Tout-à-coup, les douleurs disparurent, un calme rafraîchissant se répandit en lui; et s'étant endormi profondément, il se réveilla entièrement guéri. Notre sainte s'était retirée comme toujours pour se soustraire aux éloges qu'on aurait pu lui donner. Combien tous les miracles que nous avons relatés attestent la sainteté de Rose !

CHAPITRE XXV.

GRANDE CONFIANCE DE ROSE EN DIEU.

Dès sa plus tendre enfance, Rose fut favorisée de la manière la plus spéciale par le Seigneur, et ressentit dans son jeune cœur une confiance sans bornes en lui. Toujours et même pendant son travail elle se plaisait à répéter ces paroles du Roi prophète :

« *Deus in adjutorium meum intende*;

« *Domine ad adjuvandum me festina* (Ps. 69).

Elle ne pouvait se lasser de les prononcer, à l'exemple de sa chère maîtresse sainte Catherine, et demandait sans cesse à Dieu d'en graver le véritable sens dans son cœur.

Jamais en effet personne ne les comprit et ne les appliqua mieux qu'elle.

Il y eut trois choses qui rendirent notre sainte bien heureuse :

1° La certitude de son bonheur éternel ;

2° La perpétuelle amitié de Dieu ;

3° Le secours ineffable d'en haut qui lui fut constamment accordé dans tous les besoins et dans tous les dangers qui la menacèrent pendant sa vie.

N.-S. Jésus-Christ, voulant accorder à sa servante cette précieuse sécurité sur son avenir, permit qu'un jour elle éprouva momentanément une grande terreur en songeant au jugement dernier ; mais venant promptement au secours de cette âme abîmée dans la douleur et la crainte, il lui fit entendre intérieurement ces paroles :

« Soyez tranquille, ma fille, je ne condamne que « celui qui veut être condamné. »

Nous chercherions en vain à rendre l'impression que ressentit Rose dans ce moment et la confiance qui remplit son cœur. Ce fut comme l'ancre de miséricorde à laquelle se rattache le malheureux naufragé.

Le docteur Castillas demandant à Rose si elle avait eu, par une révélation particulière de Dieu, quelque assurance sur son sort à venir, elle répondit que dans son infinie miséricorde Dieu avait daigné lui faire connaître qu'elle avait été choisie pour la gloire céleste. A la fin de sa carrière et à ses derniers moment, on vit clairement qu'elle était certaine non-seulement de participer un jour aux joies du ciel, mais encore de ne pas passer par la terrible épreuve des souffrances du purgatoire.

Une des personnes qui l'entouraient dans ce moment suprême lui parlant avec transport de ce précieux privilége, notre sainte répondit avec l'accent de la plus intime conviction : « Les dons de Dieu ne peuvent être que d'une valeur infinie, et la sécurité que j'éprouve maintenant me fait considérer la mort comme la porte du paradis. »

Le jour que les médecins lui annoncèrent que tout espoir de rétablissement était perdu pour elle, Rose répondit avec calme que cette nouvelle la comblait de joie ; puis, s'apercevant de la tristesse des personnes qui l'entouraient, elle leur témoigna sa surprise de ce que, loin de partager son bonheur, elles tremblaient à une pensée qui avait tant de charme et de douceur pour son cœur.

Un jour qu'elle était en contemplation dans son oratoire champêtre, elle vit naître autour d'elle une prodigieuse quantité de fleurs. Tandis qu'elle contemplait cet étonnant prodige, la très-sainte Vierge lui apparut tenant dans ses bras l'enfant Jésus qui lui ordonna de cueillir ces fleurs. Rose les lui ayant offertes, le divin Sauveur en prit une et lui dit :

« Rose, tu es cette fleur, j'en aurai soin. Dispose des autres selon ton désir. »

Dans son ravissement elle se rappela ces paroles de saint Jean l'Évangéliste :

« *Non rapiet eas ; quisquam de manu mea ego vitam*
« *æternam do eis.* »

Je leur donne la vie éternelle, et elles ne périront point ; nul ne les arrachera de mes mains.

Tandis qu'elle était profondément absorbée dans ses réflexions, elle comprit que les autres fleurs représentaient les vierges renfermées dans la ville de Lima qui devaient se consacrer un jour à Dieu dans le couvent de sainte Catherine de Sienne, dont elle prévoyait l'établissement futur.

Chaque jour s'augmentait en elle son union intérieure avec le divin Maître. Le père Aloaysa, son confesseur, désirant s'assurer d'une faveur si extraordinaire, lui fit à ce sujet quelques questions. Après y avoir répondu, Rose porta la plus entière conviction dans son esprit, en ajoutant :

« Je suis bien persuadée, mon père, que c'est avec

crainte et tremblement que je dois travailler à mon salut, et Dieu veuille que je le fasse ainsi. Je confesse, dans toute l'humilité de mon cœur, que je suis une indigne servante du Seigneur, mais en même temps je dois avouer que par l'effet de la bonté infinie de Dieu envers moi, et qui ne s'est jamais ralentie jusqu'à ce jour, il a imprimé dans mon cœur une confiance qui ne saurait s'en effacer. Et je croirais plus volontiers que je suis une paille ou une pierre, et que la vaste étendue des cieux égale la petitesse de la terre, que de penser qu'abandonnée un instant de Dieu j'ai pu commettre une seule faute mortelle pendant ma vie; je sais ce que le Seigneur m'a promis malgré mon indignité, je suis donc dans l'assurance non pas à cause de mes mérites particuliers, mais parce que Dieu est fidèle dans toutes ses promesses. »

Marie de Oliva, d'un naturel très-craintif, éprouvait une certaine répugnance à aller et à venir dans la maison le soir, et ne pouvait se déterminer à traverser seule le jardin dès que la nuit avait remplacé le jour. Rose avait hérité de ces mêmes terreurs, sans qu'elles l'empêchassent cependant de se rendre de fort bonne heure à sa cellule solitaire, où elle restait jusqu'à une heure assez avancée de la nuit. Un soir donc voyant sa mère qui, accompagnée de son mari, venait la chercher, elle se fit à elle-même ces réflexions :

« Ma mère vient contre sa coutume dans le jardin, et marche avec sécurité par la seule raison que mon père l'accompagne; et moi qui suis si spécialement favorisée du ciel, et qui ai souvent le bonheur de recevoir dans la sainte communion le corps de mon adorable Sauveur, j'éprouverais des craintes?.. Celle-ci se confie à un homme mortel, dont le fragile appui la rassure, et je ne me confierais pas en Dieu, mon défenseur et le plus puissant de tous?... »

Cette pensée pénétra profondément le cœur de Rose, et dès ce moment ses vaines terreurs s'évanouirent pour toujours.

L'occasion se présenta bientôt à notre sainte de montrer son héroïque fermeté dans le danger.

Elle n'avait encore que douze ans, lorsqu'un jour en revenant de la campagne avec sa mère et ses frères, ils aperçurent au loin un taureau furieux qui, après avoir brisé ses liens et s'être échappé de son étable, se dirigeait avec impétuosité de leur côté. Frappés d'épouvante, Marie de Oliva et ses fils s'empressèrent de fuir, malgré les avertissements de Rose qui les engageait à ne pas courir, dans la crainte d'augmenter encore le danger qui les menaçait en irritant davantage la fureur de l'animal ; elle ajouta qu'il ne leur ferait aucun mal, s'ils restaient à leur place. Notre sainte avait à peine prononcé ces paroles, que le redoutable animal parvenu déjà jusqu'à eux, changea subitement de direction et s'enfuit en mugissant. La mère de Rose et ses frères frémirent en songeant au danger qu'ils venaient de courir, mais celle-ci, toujours calme, et sans même avoir montré la moindre émotion, profita de cette circonstance pour les engager à mettre toujours leur confiance en Dieu.

Une autre fois, Rose revenait en voiture de l'église, et se trouvait sur une place qu'il fallait traverser pour rentrer chez elle. Une grande foule y était rassemblée pour assister à une course de taureau qui allait avoir lieu. Le peuple poussait des cris et lançait des pierres à l'animal furieux, qui écumait de rage. Excité par un morceau de laine rouge que l'on agitait devant lui, il frappait la terre avec ses pieds, et enfonçait ses cornes dans le gravier. Du plus loin qu'il vit la voiture, il se dirigea vers elle. Les compagnes de Rose, n'étant plus maîtresses de leur terreur, voulaient descendre, espérant trouver leur salut dans la fuite, et le cocher lui-même était sur le point de s'élancer de son siége, tandis que notre sainte, conservant toujours son calme habituel, se recommanda à Dieu et engagea ses compagnons à se tranquilliser, en les assurant que le taureau reviendrait sur ses pas sans leur avoir fait le moindre mal. En effet, les choses se passèrent comme elle venait de le dire. Dans le moment de la plus grande imminence du danger, Rose s'adressa à Dieu en ces termes :

« Je ne craindrai aucun mal, Seigneur, tant que « votre divine providence ne me fera pas défaut. »

Sa confiance en Dieu n'était pas moins entière dans les nécessités de la vie commune, que dans les dangers. Un jour le pain vint à manquer chez ses parents; dans cette triste occurrence elle ne montra aucune tristesse, mais au mouvement de ses lèvres on s'apperçut qu'elle implorait le secours divin. Un instant après elle fit ouvrir une armoire, qui se trouva miraculeusement remplie d'un pain excellent.

Dans une autre circonstance, Marie de Oliva s'apperçut avec chagrin que le vaisseau qui contenait le miel était presque à sec. Comme elle faisait part de ce triste contre-temps à notre sainte, celle-ci l'engagea à mettre sa confiance en Dieu, puis elle ajouta : « Si vous voulez, je descendrai à la cave, et au nom de Dieu, j'y trouverai du miel. » Elle y alla en effet et en trouva une si grande quantité, qu'elle put suffire pendant huit mois à la consommation de la famille.

Qui a jamais vu les roses suppléer à l'office des abeilles.

Son père, malade depuis un mois, joignait à ses souffrances le chagrin d'être dans l'impossibilité d'acquitter une dette de cinquante livres. Marie de Oliva partageait tristement la préoccupation de son mari, lorsque Rose songea à employer le moyen efficace dont elle se servait dans toutes ses anxiétés. Elle se rendit à l'église, où elle demanda avec ferveur à Dieu de jeter un regard de compassion sur ses parents, et comme elle revenait chez elle, un inconnu lui remit un paquet couvert de fleurs en lui disant de s'en servir pour les besoins de ses parents, et disparut aussitôt. Le poids de ce paquet lui fit soupçonner qu'il renfermait quelque argent, et l'ayant ouvert à son arrivée, elle trouva la somme que devait son père, enveloppée dans un mouchoir. S'approchant alors du lit de son père, elle l'engagea à mettre sa confiance en Dieu qui lui venait en aide pour acquitter sa dette, et comme le pauvre malade avait peine à croire ce qu'elle lui disait, elle lui remit les cinquante livres qu'elle venait de recevoir quelques moments auparavant.

Plusieurs fois la maison des parents de Rose reçut les secours les plus extraordinaires et les plus inespérés : et la pauvreté fit place à l'aisance. C'était sans doute l'effet des promesses qui lui avaient été faites par le Seigneur, lorsqu'il s'était montré à elle sous l'apparence d'un sculpteur.

Marie Uzatégui, qui connaissait une partie des secrets

de Rose, lui citait quelque fois le proverbe du pays :

« Est-ce que l'intendant des mines du ciel a décou-
« vert pour vous des trésors? »

Le cœur de notre sainte était tellement confiant en Dieu que, malgré son excessive pauvreté, elle se croyait capable de pourvoir aux frais immenses de l'établissement d'un monastère de sainte Catherine de Sienne, à Lima, pour lequel il ne manquait plus que le consentement du Roi.

Elle parlait avec tant de sécurité de cette fondation grandiose, que sa mère, qui regardait ce projet comme un rêve sans consistance, l'en reprenait souvent avec humeur.

« Cessez, lui disait-elle, de vous occuper d'une semblable folie. Ce n'est pas le moment de songer à un établissement de ce genre. A vous entendre, il semblerait que ces fonds sont déjà entre vos mains. »

L'humble vierge répondait doucement :

« Si je ne considérais que la faible limite des moyens humains, je trouverais comme vous la chose impossible; mais songez, ma mère, que j'ai mis ma confiance dans le Très-Haut, qui possède à lui seul les véritables trésors. J'ai en lui un répondant qui ne peut manquer, et je ne saurais me défier de sa puissance et de sa libéralité infinies. Un jour viendra, ma mère, et ce jour n'est pas éloigné, où vous serez témoin de la vérification de mes paroles.

CHAPITRE XXVI

ETABLISSEMENT DU MONASTÈRE DE SAINTE CATHERINE DE SIENNE, A LIMA, QUE DIEU RÉVÈLE A ROSE LONGTEMPS AUPARAVANT.

Enfin le couvent de sainte Catherine de Sienne fut superbement élevé à Lima, et un grand nombre de vierges s'y consacrèrent à Dieu, sous la règle de saint Dominique. Cinq ans après la mort bienheureuse de notre sainte (1622), une noble veuve, nommée Lucie Guerra de la Daga, possédant une immense fortune, le fit élever à ses frais avec la plus grande magnificence dans un site qui se prêtait merveilleusement aux proportions grandioses que cette généreuse fondatrice se proposait de lui donner. Il prit bientôt beaucoup d'accroissement, et dans ce monastère on ne compte pas moins aujourd'hui (1668) de deux cents religieuses qui nuit et jour chantent les louanges du Seigneur. Les ornements de l'église et des prêtres y sont d'une grande richesse, et les cérémonies religieuses s'y célèbrent avec une solennité extrême. Jamais ce saint lieu ne perdit de sa gloire et de sa ferveur premières. Là, toutes les vertus étaient réunies; l'observance exacte de la règle, l'assiduité aux exercices, la continuelle étude de la perfection, tout en un mot, faisait de ce saint asile la demeure des anges.

Le bâtiment par lui-même était superbe, les jardins,

arrosés par plusieurs fontaines, les galeries et les colonnes qui entouraient le monastère, les péristyles, les dortoirs étaient de la plus grande beauté. Le domaine territorial appartenant à cette fondation était considérable, et la plus sage économie régnait dans l'administration des revenus. Pendant plus de quarante ans ce saint lieu a été favorisé des bénédictions du ciel. Sa splendeur et l'exemple de toutes les vertus qu'il donne permettraient de la comparer aux plus célèbres monastères de l'Europe.

Dix ans avant sa mort, Rose avait prédit l'établissement du monastère de sainte Catherine de Sienne, dont elle avait eu dans une révélation la connaisance la plus parfaite. Elle précisa le lieu où il devait être élevé, et on en trouva même sur des tablettes le dessin tracé de sa propre main avec la plus grande exactitude, ainsi que le nom de la première prieure et des religieuses qui devaient se joindre à elle pour se consacrer à Dieu. Ainsi que Rose le lui avait prédit plusieurs années auparavant, Marie de Oliva devait faire partie de ces dernières. Nous allons entrer dans quelques détails au sujet de ces révélations.

Le prophète Daniel a dit :

« L'intelligence est nécessaire dans les visions. » Et cette intelligence ne fit pas défaut à Rose dans cette occasion pour connaître toutes les circonstances de cet établissement. Lorsqu'en prières dans sa cellule solitaire, Rose eut (ainsi que nous l'avons dit) cueilli les fleurs qui venaient d'éclore autour d'elle, poussée sans doute par une inspiration d'en haut, elle les jeta une à une en l'air, comme pour les offrir au Seigneur. Son frère étant survenu, sourit en la voyant occupée à ce jeu innocent et ne pensant pas qu'il y eût rien de sérieux dans cette action, il lui demanda ce qu'elle faisait?... Rose ne voulut pas lui faire connaître ce mystère, et lui répondit simplement : « Je fais ce que vous voyez. » Il voulut aussi en jeter, mais les siennes retombèrent aussitôt, tandis que celles de Rose se tinrent en l'air et tournèrent gracieusement autour d'une croix qui apparut dans ce moment.

Une personne lui ayant demandé l'explication de ce mystère, Rose répondit avec assurance que l'établissement du monastère de Sainte-Catherine de Sienne était prédit à la ville de Lima; qu'il devait renfermer un grand nombre de femmes remarquables qui s'y consacreraient un jour à Dieu par une vie d'abnégation et de crucifiement, et qui, méprisant les choses de la terre, parviendraient au degré de la plus sublime perfection.

Une autre fois, étant en oraison, notre sainte eut une vision dans laquelle lui apparut un pré délicieux parsemé de lis éclatants de blancheur et de roses rouges. Un nuage de tristesse vint un instant troubler la satisfaction qu'elle goûtait à la vue de ce spectacle. Ce champ si éclatant de beauté et sans clôture se trouvait exposé à être foulé aux pieds par les passants, mais bientôt ses alarmes s'évanouirent et elle comprit que cette semence choisie serait un jour rassemblée dans le jardin fermé du monastère de Sainte-Catherine de Sienne, et séparée par une haie vive du commerce profane et dangereux du monde. Elle reconnut clairement que les lis et les roses représentaient ces femmes et ces vierges habitant la ville de Lima, sans être encore soumises à aucune règle, mais que plus tard, et après avoir renoncé au monde, elles devaient se réunir dans cette clôture pour y répandre un parfum de vertus sur la terre, jusqu'à ce qu'elles fussent couronnées dans le ciel par le divin Maître.

Tandis que notre sainte appelait de tous ses vœux le moment si désiré par elle où les décrets de Dieu se réaliseraient, elle semblait tresser une couronne de fleurs brillantes destinées au Seigneur ; et dans la surabondance de joie qui inondait son cœur, les lumières célestes lui faisaient comprendre que Dieu ne serait pas sourd à ses prières ; qu'il accorderait cette faveur signalée à la ville de Lima, et qu'elle renfermerait un jour ce monastère, dans lequel tant de femmes admirables excelleraient en vertus.

François-Louis de Bilbao, confesseur de Rose, n'avait pas une grande confiance dans cette prophétie, à l'accomplissement de laquelle il voyait des obstacles insurmontables.

La ville de Lima comptait à peine cent ans d'existence, elle possédait déjà un grand nombre de monastères, et semblait d'ailleurs peu disposée à un nouvel établissement. Rose, s'apercevant de ses doutes à cet égard, lui dit :

« Pourquoi manquez-vous de confiance, mon père ?.. Un jour viendra que vous serez témoin de la vérification de mes paroles. Il y aura dans cette ville un monastère de Sainte-Catherine de Sienne, quels que soient les obstacles que vous paraissez redouter. Quand même le monde entier et les puissances infernales s'y opposeraient, la chose aura lieu, et vous le verrez de vos propres yeux ; car c'est vous avant tout autre qui offrirez le saint sacrifice dans l'église de ce monastère, dont la première pierre sera posée avec une grande pompe. Vous vous souviendrez alors que cet établissement vous avait été prédit par une indigne servante du Seigneur. »

La prédiction de Rose se vérifia, et lorsque le père Louis de Bilbao célébra pour la première fois la messe le jour de l'inauguration du couvent, elle lui revint à la mémoire, et après la cérémonie il rapporta aux personnes présentes les paroles pleines de conviction avec lesquelles notre sainte lui avait prédit dans les plus petits détails toutes les circonstances de cette fondation si inespérée alors. Dans l'intérieur de sa famille, Rose parlait souvent des vertus de sainte Catherine de Sienne, et ce sujet l'amenait tout naturellement à l'établissement futur du monastère sous l'invocation de cette sainte ; mais ceux qui l'écoutaient ne partageaient pas ses espérances, et pensaient que la préférence marquée qu'elle avait pour sa maîtresse séraphique la portait à cette pieuse divagation.

La défiance générale augmenta encore lorsque celui qui avait été envoyé à Madrid pour demander l'adhésion du roi revint à Lima sans l'avoir obtenue. Mais, tandis que tout semblait perdu, Rose demeurait confiante dans la révélation qu'elle avait reçue d'en haut, et désespérant un jour de trouver des expressions assez fortes pour faire partager sa propre conviction, elle saisit des tablettes enduites de cire qui se trouvaient là, et au grand étonnement des assistants, elle fit le dessin le plus détaillé du monastère, désigna les murs qui devaient l'entourer, l'église, la porte d'entrée, les dortoirs et les galeries. Dans son intime persuasion, elle déplorait souvent qu'un rayon divin n'éclairât pas les esprits de ses concitoyens.

Marie de Oliva était l'une des personnes qui entendait avec le plus de peine les continuelles prédictions de sa fille. Aucun protecteur ne se montrait pour une entreprise aussi difficile et aussi sérieuse, et la mère de notre sainte ne pouvait cacher son impatience lorsque cette dernière traitait ce sujet. Elle l'accusait d'obstination et tout à la fois d'esprit faible, qui s'abandonnait à des imaginations chimériques et mensongères.

Le docteur Castillas lui-même, en qui Rose avait tant de confiance, s'efforçait de la détourner de cette idée fixe. Ses confesseurs et Gonzalve pensaient de même, regardant comme insurmontables les difficultés qui s'élevaient de toutes parts.

La mère de Rose, humiliée de voir que sa fille passait pour une insensée aux yeux du public, la reprenait avec dureté de ce que malgré tous les conseils de la prudence, et l'avis des personnes les plus éclairées et les plus dignes de confiance, elle persistait avec tant d'opiniâtreté et d'orgueil dans un avis particulier que personne ne partageait. Mais les contradictions semblaient donner plus de force et de courage à notre sainte, qui répondait avec douceur :

« Un jour viendra, ma mère, que vous comprendrez à votre tour combien il est dur de regimber contre l'aiguillon, et ce sera pour votre plus grand avantage. Vous serez une des premières qui prendront le saint habit dans ce monastère. Là, vous vous engagerez devant Dieu par des vœux solennels, là aussi vous finirez votre vie dans l'état religieux. »

Ces paroles irritèrent tellement Marie de Oliva, qu'elle chassa sa fille de sa présence en s'écriant avec indignation :

« Moi, je serais un jour religieuse !... Moi, qui n'ai jamais éprouvé le moindre penchant pour la retraite, et qui ne connais ni les chants d'église ni la psalmodie... Comment pourrais-je me conformer à la clôture, et m'engager dans cette voie étroite et difficile... D'ailleurs je n'ai pas la dot nécessaire pour y être admise, et quand je l'aurais, élevée comme je l'ai été dans le monde, je n'ai aucune des qualités requises pour le cloître... Qu'on ne me parle donc jamais de semblables rêveries. »

Ainsi que Rose l'avait prédit, au commencement de 1629, on vit sa mère religieuse au couvent de Sainte-Catherine de Sienne. La pieuse fondatrice de ce monastère (par une inspiration divine sans doute, et pour que la pauvreté ne fût pas un obstacle à ce que des âmes agréables à Dieu y fussent admises), détermina qu'il y aurait un certain nombre de réceptions gratuites réservées pour des personnes pauvres, qui malgré leurs vertus en auraient été exclues. Marie de Oliva n'avait pas les 4,000 livres exigées, et fut admise à raison de ce privilége, ce qui combla ses vœux. Ayant perdu son mari, elle entra donc dans ce monastère où elle reçut, en prenant l'habit, le nom de Marie de Sainte-Marie.

L'année suivante elle prononça ses vœux, et après y avoir saintement passé le reste de sa vie, elle mourut de la mort des justes.

Il nous reste à parler de la manière dont Rose désigna la première prieure du monastère.

Isabelle de Mexia avait une de ses servantes malade à laquelle Rose donnait les soins les plus assidus. En se rendant souvent chez cette dame, notre sainte eut occasion d'y rencontrer Lucie Guerra de la Daga, aussi remarquable par ses vertus et sa piété que distinguée par sa naissance. Cette dernière se sentit émue en voyant Rose donner des soins si attentifs et si multipliés à cette pauvre malade. Irrésistiblement attirée vers elle et devenant de jour en jour plus confiante, elle se recommanda à ses prières. Rose de son côté éprouvait la même sympathie pour Lucie, et lui promit de penser à elle une fois par semaine : ce qui la combla de joie. Dès le lendemain, cette même Lucie vint retrouver notre sainte, sous prétexte de recommander à ses prières son mari et ses enfants, mais Rose, pénétrant tout ce qui se passait dans le cœur de sa visiteuse, ne lui parla ni de son mari ni de ses enfants, mais l'embrassant avec la plus tendre affection, elle lui promit de prier pour elle tous les jours de sa vie. Lucie ne pouvait s'expliquer la douceur qu'elle ressentait dans ce moment, et Rose lui dit en la serrant de nouveau contre son cœur :

« Courage, ma mère, Dieu vous a réservée pour de grandes choses. »

Au milieu de la satisfaction qui inondait son âme, sentant que son cœur était entièrement changé par ses rapports avec notre sainte, et que la ferveur dont il était rempli l'élevait avec force vers Dieu, Lucie ne put s'empêcher de s'écrier avec saint Paul :

« Seigneur, que voulez-vous que je fasse. »

Puis après s'être retirée, elle adressa intérieurement ces paroles à Dieu :

« Seigneur, si c'est votre volonté, et si la plus grande gloire de votre nom doit en résulter, que j'abandonne la vie du monde pour me consacrer à vous dans l'état religieux, achevez en moi ce que vous avez si admirablement commencé. Je m'offre entièrement à vous.

Mon cœur, mon âme, ma personne, je vous donne tout. Mettez en moi, votre servante, un désir efficace de la vie religieuse, une vive espérance et la certitude de parvenir au but si désiré de mon cœur, et que votre main divine brise tous les obstacles qui s'y opposent. »
Lucie était âgée de trente ans, son mari semblait devoir vivre de longues années encore, ses cinq enfants étaient l'objet de toute sa sollicitude, mais les tendres soins qu'elle leur prodiguait ne pouvaient la distraire de l'idée fixe de sa vocation religieuse, et elle préparait en conséquence ses affaires temporelles. Un jour le père Villalobos, jésuite et maître des novices, se trouva chez Isabelle de Mexia tandis que Rose parlait avec plusieurs personnes de l'établissement futur du monastère, et notre sainte lui dit que la veille elle s'en était entretenue avec Lucie de la Daga, qui, bien que jeune encore, avait beaucoup de prudence et une grande maturité de jugement, mais qu'elle n'en pouvait dire davantage. Le religieux comprit l'intention de notre sainte et la conserva secrète, jusqu'à ce que longtemps après la mort de Rose, Lucie lui fit connaître que son cœur était sans cesse occupé d'une œuvre très-difficile, de l'établissement du monastère de Sainte-Catherine de Sienne à Lima, qu'elle se sentait si irrésistiblement portée vers ce but, que toutes ses pensées tendaient vers lui. Se rappelant alors les paroles de notre sainte chez Isabelle, le père dit à Lucie que Rose l'avait prédit, qu'il ne fallait pas se défier de sa prédiction, et que dans une affaire aussi importante, et contre laquelle tant d'obstacles semblaient s'élever, on devait espérer dans le secours divin à l'aide de Rose, qui jouissait déjà du bonheur céleste.

Peu de temps après, Lucie de la Daga étant devenue libre par la mort de son mari et de ses enfants, une de ses parentes l'engagea à contracter de nouveaux liens. Elle était même sur le point de suivre son avis, lorsque se rappelant la prédiction de Rose, elle sentit les dispositions de son cœur se changer tout-à-coup. Puis, tous les obstacles s'étant évanouis comme par enchantement, Lucie de la Daga se consacra à Dieu dans le monastère de Sainte-Catherine de Sienne, qu'elle fit élever et orner à ses frais avec la plus grande magnificence. En prenant le voile elle reçut le nom de Lucie de la Très-Sainte Trinité.

Le talent avec lequel Lucie s'acquitta de la charge de première prieure de ce monastère ne permit pas de douter qu'elle avait puisé les vertus et les qualités nécessaires pour cette position difficile dans les rapports intimes et fréquents qu'elle avait eus avec Rose.

Lucie de la Très-Sainte Trinité, par ses soins, ses exhortations et ses exemples, sut faire fleurir les plus éminentes vertus dans ce monastère, et après avoir eu pendant sa vie la réputation de la plus remarquable sainteté, elle mourut grande aux yeux de Dieu.

La prédiction que notre sainte avait faite de l'établissement de ce couvent le fit unaniment appeler par le peuple le monastère de sainte Rose.

CHAPITRE XXVII.

LE SEIGNEUR RÉVÈLE A ROSE PLUSIEURS CHOSES CACHÉES.

Le père Villalobos, dont nous venons de parler, fut souvent à même de reconnaître que notre sainte possédait le don de prophétie. Un jour qu'il lui demandait le secours de ses prières pour la réussite d'une affaire qu'il ne lui faisait pas connaître, mais dont il considérait le succès comme fort difficile, elle le regarda avec attention, puis intérieurement éclairée sur le sujet de sa demande, elle lui répondit :

« Mon père, je sais ce dont il s'agit. »

Le religieux, surpris de ce fait, en parla au père Antoine de la Véga Loarsa, de la même société, et celui-ci l'assura qu'il en avait fait lui-même l'expérience, ainsi que Philippe de Tapia, recteur du collége de Callao.

Une autre fois, l'une des filles de Gonzalve ne fut pas moins étonnée, en s'apercevant que Rose était parfaitement éclairée sur une pensée qu'elle tenait secrète au fond de son cœur, et reçut de sa part à ce sujet, les plus salutaires avis.

Marie de Mesta, femme du peintre Médor Angelini, projetait avec lui de se retirer en Espagne pour y vivre du fruit de leurs économies. Ils n'en avaient encore parlé à personne, lorsque dans une conversation qu'ils eurent avec Rose, celle-ci parut parfaitement instruite de leurs intentions, et alla même jusqu'à leur désigner la somme qu'ils avaient mise en réserve dans ce but.

Jean Miguel, religieux de Saint-Dominique, de retour d'un long voyage, était venu visiter notre sainte; cette dernière l'entretint avec le plus grand détail des diverses circonstances de son séjour au pays lointain, et dont humainement parlant elle ne pouvait avoir connaissance.

Un jour que notre sainte priait à l'église Saint-Dominique avec plusieurs personnes pieuses pour Marie de Verra qui touchait à ses derniers moments, on vint leur annoncer sa mort, mais Rose, ayant levé les yeux au ciel, dit avec assurance : « Ne pleurons pas, notre amie n'est pas morte, et Dieu a exaucé nos prières. »

En effet, la malade revint à la vie et à la santé.

Un religieux de la compagnie de Jésus, remarquable par ses vertus, était convaincu qu'il devait mourir cette même année (1615), et regardait avec bonheur le moment qui devait le réunir à Dieu. Se trouvant un jour avec Marie Uzatégui et Rose, il recommanda ses derniers moments à leurs prières. La femme de Gonzalve en fut péniblement affectée, mais Rose dit en souriant à ce prêtre :

« Je vous certifie, mon père, que cette année ne sera pas la dernière de votre vie. »

Il persista néanmoins dans son opinion, ajoutant que rien ne serait plus heureux pour lui que de mourir après avoir célébré la sainte messe, et qu'il le désirait de toute son âme.

Quelques temps après, il quitta le collège pour aller au noviciat, et persuadé qu'il ne devait plus revoir ses compagnons, il leur dit un éternel adieu. La pensée de la mort de ce religieux, qui était le confesseur de Marie Uzatégui attristait beaucoup cette dernière; et toutes les fois qu'elle le voyait célébrer le saint sacrifice, elle ne pouvait se défendre d'une certaine crainte, bien que Rose s'efforçât de la tranquilliser ; il lui semblait que Dieu allait exaucer les désirs de son pieux ministre, en l'appelant à lui dans ce moment suprême. Enfin la veille de Noël, comme la femme de Gonzalve se disposait à se rendre à l'église dans l'intention de s'approcher du tribunal de la pénitence, notre sainte la chargea de dire à ce religieux qu'il devait rejeter le désir qu'il avait d'une mort prochaine, parce que telle n'était pas la volonté de Dieu, qui le destinait au contraire à de grandes choses, et qu'il ne mourrait pas sans avoir ramené plusieurs âmes, dont cinq surtout étaient bien dignes de son apostolat.

En effet, il survécut neuf ans à Rose, et remporta d'éclatantes victoires sur le démon, en lui arrachant un nombre infini de pécheurs, malheureusement trop connus par le déréglement de leur vie. Ainsi que Rose le lui avait prédit, il fut le premier de son ordre qui pénétra dans les montagnes de Santa-Crux de la Sierra, où il obtint des conversions fort remarquables, et mourut à Lima en 1626.

Le père Barthélemy Martinez, de l'ordre des Frères prêcheurs et prieur du couvent de Sainte-Madeleine, luttait péniblement contre une maladie fort grave. Déjà les plus sinistres symptômes se manifestaient, et les médecins, le considérant comme sans ressources, lui faisait prendre les derniers remèdes que l'on administre aux mourants afin de leur adoucir les moments de l'agonie. Le père Laurenzana engagea cet infortuné à prendre courage en lui disant qu'il venait de voir à l'église un cierge brillant qui brûlait à son intention devant le tabernacle. Le malade comprit que c'était Rose qui priait pour lui. Dans ce moment le Frère Fernandez vint lui dire de la part de cette dernière qu'il ne mourrait pas de cette maladie, étant destiné à travailler puissamment à la gloire de Dieu, et à l'instant même la santé lui fut rendue.

Le père Louis de Bilbao, qui pendant quatorze ans avait été le confesseur de Rose, tomba sérieusement malade; les médecins désespéraient de le sauver, et sa voix, naturellement forte, était devenue si faible, qu'on l'entendait à peine. Rassemblant le peu de forces qui lui restaient, il se fit recommander aux prières de notre sainte, en lui demandant s'il devait se préparer à paraître devant Dieu. Rose répondit à ce message :

« Il n'est jamais inutile de se préparer à la mort; c'est une louable et salutaire pratique, mais cette maladie n'est pas mortelle. Il reviendra à la santé, et prêchera à la fête du Rosaire. » Puis, détachant une image de l'Enfant Jésus qu'elle implorait souvent avec confiance, elle pria celui qui venait de la part du malade de la lui remettre en lui disant qu'elle lui envoyait le médecin suprême auquel rien ne résistait. En effet Louis de Bilbao revint instantanément à la santé. Quelques temps après, le Provincial de l'ordre, qui avait été désigné pour prêcher à la fête du Rosaire, tomba malade lui-même, et ce fut le père Bilbao qui le remplaça, ainsi que Rose l'avait prédit.

On découvrit un jour dans le couvent de Saint-Dominique qu'un novice avait tenu caché qu'il était atteint d'épilepsie, et l'on songeait déjà à lui faire quitter cette maison, lorsque Rose vint intercéder en sa faveur auprès du Prieur et du Maître des novices. Ces derniers ne voulant pas accéder à sa demande, elle leur dit que les décrets du Tout-Puissant étaient différents du leur; qu'ils en auraient la preuve un jour, ce jeune homme étant destiné à faire profession, et à illustrer l'ordre par les exemples de vertus et de piété qu'il donnerait. Il en fut en effet comme Rose l'avait prédit.

Trois sœurs, nommées Philippine, Catherine et Françoise de Montoya, avaient été formées à la piété par Rose. Philippine et Catherine n'avaient que du mépris pour le monde, et désiraient vivement entrer chez les Dominicaines, tandis que Françoise, fort attachée aux vanités, éprouvait un éloignement infini pour le cloître, et prenait un soin extrême de sa parure. Notre sainte lui disait quelquefois :

« Cette chevelure à laquelle vous tenez tant, un jour, je la verrai couper. » Elle lui prédit donc qu'elle ferait un jour partie des Dominicaines avec Catherine, mais que Philippine si portée à se consacrer à Dieu se marierait.

L'événement répondit à cette prédiction. Philippine changea tout à coup de dispositions, et Françoise abandonnant avec joie le monde et ses vains plaisirs, se voua pour toujours au service de Dieu.

Marie et Jeanne de Bustamente étaient intimement liées avec Rose. Un jour qu'elles se promenaient ensemble, notre sainte, inspirée sans doute d'en haut, leur parla avec autant de force que d'entraînement de la vie religieuse, et leur prédit qu'elles prendraient un jour le voile, ainsi que leur grand'mère, au couvent de la Très-Sainte Trinité. Ces jeunes personnes ne se sentaient nullement disposées à se consacrer à Dieu, tandis que leur sœur cadette, nommée Françoise, éprouvait au contraire un grand désir de faire partie du tiers-ordre. Etant venue consulter Rose à ce sujet, celle-ci lui répondit qu'il ne fallait pas y songer et qu'elle devait s'engager dans les liens du mariage. En effet, en 1615, Marie et Jeanne prirent le voile au monastère de la Sainte-Trinité avec leur grand'mère, et reçurent les noms de Marie de l'O (1), Jeanne de Jésus et Louise de la Croix. Quant à Françoise, elle épousa Jérôme Villalobos.

Jean de la Raya et sa femme Euphémie de Parcias s'étaient bercés de l'espoir que leur fils ferait un jour partie de l'ordre des Jésuites, mais à leur grand chagrin, ce jeune homme montrait un éloignement extrême pour l'état religieux et les sciences. Sa mère alla trouver Rose dans sa cellule et lui ouvrit son cœur en lui demandant le secours de ses prières pour son enfant chéri. Notre sainte, naturellement portée à secourir les affligés, lui promit de faire ce qu'elle désirait, puis levant les yeux et réfléchissant un instant, elle lui dit :

« Il est certain que votre fils prendra l'habit religieux, mais il ne fera pas partie des enfants de saint Ignace.
— Quelle va être la douleur de mon mari ! s'écria Euphémie. »

« Adorez la divine Providence, reprit Rose, laissez votre fils accomplir la volonté de Dieu plutôt que la vôtre, et lorsqu'il sera entré dans le saint ordre au-

---

(1) En Espagne, O signifie Noël. N.-D. de l'O signifie N.-D. de l'attente du divin Enfant.

quel il est destiné, instruisez-m'en, afin que je rende grâces à Dieu de ce bienfait. »

Trois mois après, un changement total s'opéra dans les dispositions du jeune Rodrigue. Autant il avait montré d'éloignement pour la prêtrise, autant il la désirait alors. Déjà il pressait sa famille de faire les démarches nécessaires pour son admission chez les Jésuites, lorsque Rose l'ayant appris, elle répéta de nouveau à Euphémie :

« Vous verrez votre fils embrasser l'état religieux, mais il n'entrera pas aux Jésuites, la robe grossière de saint François l'attend. »

Cependant Rodrigue et ses parents ne songeaient nullement à cet ordre et ils n'attendaient plus que le consentement du père Provincial des Jésuites, lorsque le jeune Rodrigue se sentit irrésistiblement entraîné vers l'ordre des Franciscains, et se rendit à leur couvent. Ayant enfin obtenu son admission et le consentement de ses parents, il fut reçu au nombre des Frères mineurs. La santé délicate de ce jeune homme faisait craindre à sa mère qu'il ne pût pas supporter les austérités qui allaient lui être imposées : mais Rose la tranquillisa en lui disant :

« Ayez confiance dans le puissant secours de la Reine du Rosaire, à qui j'ai recommandé le jeune novice, et soyez sûre qu'il persévèrera. » En effet le tempérament de Rodrigue se fortifia, et il vécut longtemps dans cet ordre séraphique, où il donna l'exemple de toutes les vertus.

La charité de Rose s'étendait à tous les besoins de son prochain, et ce fut à ses prières que deux personnes, vivant dans le désordre, durent de renoncer à leurs vie coupable, et de s'unir par un mariage légitime.

Il arriva plusieurs fois à notre sainte et même dans les choses les plus ordinaires de la vie, d'annoncer à l'avance ce qui devait se passer. Marie de Mesta, femme du peintre Angélini, avait à son service deux négresses qui disparurent subitement un jour. L'une d'elle nommée Antonia avait emporté dans sa fuite des clefs fort nécessaires à sa maîtresse. Cette dernière alla en parler à Rose, qui lui répondit qu'en rentrant elle trouverait Antonia lui rapportant ses clefs, et que l'autre fugitive serait de retour le lendemain : ce qui se vérifia.

Le vice-roi du Pérou, sachant apprécier les qualités et les vertus de Gonzalve, jeta les yeux sur lui pour un emploi aussi honorable que difficile, et qui demandait autant d'intelligence que d'intégrité. Il chargea donc le guide spirituel de ce dernier, accompagné du sénateur de l'audience et de l'intendant du Trésor public, de se rendre près de lui pour obtenir son consentement à cet égard ; mais Gonzalve, effrayé de la responsabilité de cette charge, demanda quelque temps pour réfléchir, alléguant un grand nombre de lettres à écrire relatives à ses fonctions de trésorier et qu'il devait expédier prochainement pour l'Espagne. Après le départ de la flotte qui emportait ces dépêches, les trois personnes dont nous venons de parler se présentèrent de nouveau sans mieux réussir dans leur tentative. Enfin le 15 avril arriva une lettre du vice-roi, qui demandait Gonzalve au palais le lendemain à une heure. Cette lettre peina excessivement le trésorier, et Marie Uzatégui partagea la fâcheuse impression qu'il en ressentit. Le jour suivant, comme Rose revenait de sa cellule, elle rencontra Gonzalve qui se disposait tristement à se rendre chez le vice-roi; elle lui dit avec un visage riant:

« Vous reviendrez du palais plus joyeux que vous n'y allez, et l'emploi si difficile que vous redoutez sera confié à un autre. Tranquillisez-vous donc. » Puis, s'adressant à Marie Uzatégui, elle s'exprima en ces termes :

« Quand vous verrez votre mari le pied à l'étrier pour se rendre à cette destination, soyez sans inquiétude, il ne sera pas envoyé au loin comme vous le craignez. »

En effet, lorsque Gonzalve fut introduit auprès du vice-roi, celui-ci l'entretint pendant plus d'une heure sans lui dire un mot de cette affaire qui peu d'instants auparavant lui semblait si importante, et comme Rose l'avait prédit, cette charge fut remise en d'autres mains.

Ferdinand, frère de Rose, ayant, à l'exemple de son père, embrassé la carrière des armes, fut envoyé au Chili.

Rose eut une révélation qui lui fit connaître son mariage dans ce pays, et lui écrivit pour lui rappeler toutes les obligations d'un père de famille chrétien, que le bruit des armes ne devait pas lui faire négliger. Elle l'engagea à garder toujours, lui et les siens, l'amour et la crainte de Dieu, et à élever religieusement sa famille.

Elle lui prédit en même temps que son premier enfant serait une fille qui était destinée à se consacrer un jour à Dieu et dont la sainteté future réjouirait son cœur paternel : ce qui se vérifia par la suite. Dès le berceau, on remarqua dans cette enfant une angélique beauté, et ses traits retraçaient si parfaitement ceux de Rose, que le pinceau le plus exercé n'eût jamais pu atteindre ce but avec autant de fidélité. Plus tard, étant devenue orpheline, François de la Véga, gouverneur du Chili, en considération des vertus de notre sainte qui n'existait plus et dont la réputation était parvenue jusqu'à lui, fit ramener cette enfant à Lima, et la remit dans les mains de sa grand'mère Marie de Oliva, au monastère de Sainte-Catherine de Sienne. Là, s'écoula sa vie dans la sainteté et la pratique des plus admirables vertus.

La pénétration de Rose se fit encore remarquer dans la circonstance suivante.

Isabelle de Mexia avait une négresse nommée Espérance et qui se disait baptisée. Emmenée fort jeune aux Indes, elle avait servi à Panama, puis était venue à Lima pour entrer au service d'Isabelle. Etant tombée malade, Rose obtint de sa mère de la faire transporter chez elle pour lui donner ses soins. Bientôt elle conçut des doutes sur le prétendu baptême d'Espérance, que celle-ci affirmait avoir reçu à Panama, en nommant ses parrain et marraine et donnant tous les détails de la cérémonie.

Toutes les personnes qui l'entouraient ajoutèrent foi à ses paroles mensongères, Rose seule demeura immuable dans sa conviction, malgré les reproches qu'on lui faisait d'avoir des soupçons injustes.

Par une permission de la Providence il se trouva un nommé François au service de Gonzalve qui avait quitté l'Afrique avec Espérance et qui affirma qu'elle n'avait pas été baptisée à Panama. Se voyant ainsi convaincue et ne pouvant comprendre comment notre sainte avait eu la connaissance d'une chose aussi cachée elle s'exprima ainsi :

« En entrant au service d'Isabelle et pour éviter les railleries des négresses qui me méprisaient parce que je n'avais pas reçu le baptême, j'ai dit que j'étais chrétienne, mais puisque ma faute a été découverte, j'en demande pardon à Dieu, et désire de tout mon cœur recevoir le baptême. » Cette grâce lui fut accordée dès le lendemain. Marie de Oliva ne partagea pas la surprise qu'inspirait la perspicacité de Rose, habituée qu'elle était à en voir souvent les effets.

Voici un trait de l'enfance de Rose. Lorsqu'elle apprenait à lire, sa mère s'aperçut qu'elle était plus portée à la prière. Pensant que la paresse n'y était peut-être pas étrangère, elle pria son confesseur de l'en reprendre ; mais quel ne fut pas son étonnement lorsque le lendemain, elle lut sa leçon avec une facilité extrême.

L'art de lire et d'écrire avait été donné à sainte Catherine de Sienne, il était bien juste que celle qui s'étudiait avec tant de soins à l'imiter reçût la même faveur.

CHAPITRE XXVIII.

ROSE ACCEPTE AVEC COURAGE SA DERNIÈRE MALADIE ET SA MORT.

La certitude de la mort est un décret, et l'incertitude du moment où elle doit nous frapper un secret. L'une et l'autre affligent l'humanité, et il n'y a que les véritables amis de Dieu qui voient approcher avec joie cette heure suprême, la considérant comme la fin des maux de la terre, et le commencement du bonheur céleste. Rose fut du très-petit nombre d'âmes choisies auxquelles Dieu fit connaître ce moment d'avance.

Plusieurs années auparavant, il lui fut révélé qu'elle mourrait le jour de la saint Barthélemy ; dès lors, ce jour devint cher à son cœur. Elle célébrait cette fête avec ferveur. Non-seulement elle jeûnait la veille, mais elle engageait de petits enfants à pratiquer des pénitences à la portée de leur âge à cette intention. Ceux-ci continuèrent après la mort de notre sainte à honorer cette fête, et en donnaient pour raison *que cette pratique avait été instituée par Rose.* Sa mère lui demandaient le motif d'une telle prédilection. Notre sainte lui répondit que ce jour était celui qui devait la réunir à l'unique objet de son amour. Trois ans avant sa mort, Rose tomba gravement malade. Les symptômes devinrent si alarmants que ceux qui l'entouraient croyaient qu'elle allait être ravie à leur tendresse, et la pleuraient déjà. Le père de Bilbao, son confesseur, avait commencé à lui adresser d'une voix émue la triste formule des prières des agonisants. Notre sainte recevait avec calme les avis de son père spirituel, et, obéissant à ses exhortations, faisait son acte de contrition et élevait ses désirs et ses pensées vers la céleste patrie; mais s'apercevant que ceux qui étaient près d'elle donnaient un libre cours à leurs larmes, et que son confesseur lui-même y joignait les siennes; Rose alors, n'étant plus maîtresse des sentiments qui agitaient son cœur, dit à ce dernier :

« Eloignez de vous, mon père, une tristesse sans fondement, cette maladie ne causera pas ma mort; le terme de mon existence est encore éloigné. »

La sécurité de Rose, en prononçant ces paroles, fit penser au père Bilbao que le jour de sa mort lui avait été révélé.

Un jour qu'elle s'entretenait avec Marie Uzatégui, elle lui dit :

« J'approche du terme de ma vie, et dans quatre mois je n'existerai plus. Les dernières douleurs que j'aurai à supporter seront horribles; et le plus cruel de mes tourments sera celui de la soif. Ne m'abandonnez pas alors, et que votre cœur toujours si maternel pour moi se laisse encore une fois toucher à la vue de cette soif cruelle qui desséchera ma bouche. Promettez-moi, ma mère, que vous adoucirez l'horreur de mes souffrances en ne me refusant jamais à boire. » Affligée par cette prédiction, la femme de Gonzalve considéra tristement notre sainte, et lui promit d'acquiescer à la demande qu'elle lui faisait avec tant d'instances.

Un an auparavant, Rose dit à cette amie dévouée : « C'est dans votre maison, ô ma mère, que je dois rendre mon dernier soupir. C'est ici que doit se délier le nœud de mon existence. Je vous prie donc, au nom de la tendre affection qui nous lie depuis si longtemps l'une à l'autre, de ne permettre à personne de toucher mon corps après ma mort. C'est à vous seule et à ma mère que je confie le soin de m'ensevelir, et je vous prie de ne pas me refuser ce dernier service. »

Dans la célèbre vision de l'arc-en-ciel dont il a été parlé au chapitre XVIIe, le divin Sauveur avait révélé à Rose, en présence des anges, la longue et cruelle série des dernières douleurs qui devaient la préparer à la bienheureuse immortalité. Elle connaissait d'avance toutes les souffrances qui lui étaient réservées, elle savait qu'elles seraient si horribles qu'on ne pourrait les comparer à aucune de celles qui l'avaient affligée pendant sa vie, et que chaque membre de son corps délicat serait soumis à un genre particulier de souffrance. Elle savait enfin qu'elle devait supporter tous ces différents maux en même temps, et d'une façon incessante, contrairement aux maladies ordinaires qui laissent presque toujours quelques moments de répit à ceux qui en sont atteints.

Craignant de manquer de force dans ses douleurs, Rose se rendit à la chapelle du Rosaire, et se prosternant aux pieds de la sainte Vierge, elle la pria de lui obtenir, par sa puissante intercession, le courage nécessaire pour se soumettre à la volonté divine. Marie se montra favorable à sa demande, et lui fit connaître que le jour approchait où sa patience serait récompensée par une gloire éternelle.

Trois jours avant de tomber malade, notre sainte se rendit pour la dernière fois à sa cellule chérie, où elle avait goûté tant de célestes délices. Puis avec l'expression de la joie la plus vive, elle chanta sa mort prochaine, et s'adressant à saint Dominique, le pria de prendre sa mère sous sa protection toute spéciale. Elle se croyait seule, mais Marie de Oliva avait tout entendu, et fut vivement affectée de cette triste prédiction.

Le 1er août, Rose commença à éprouver les premiers symptômes des horribles douleurs qui devaient mettre fin à son existence.

Au milieu de la nuit, la femme de Gonzalve et ses filles l'ayant entendue gémir, se hâtèrent d'aller à son secours, et la trouvèrent étendue sans mouvement sur le plancher. Le faible battement de son cœur indiquait seul qu'elle vivait encore. Alarmée de cette triste position, Marie Uzatégui interrogea Rose, qui ne put faire entendre que des mots entrecoupés. Enfin, comme on lui demandait si elle désirait voir le médecin : «*Celui du ciel,*» répondit-elle.

Lorsqu'elle fut remise au lit, elle y demeura immobile, inondée d'une sueur froide, et paraissant lutter péniblement contre une forte oppression. Dans ce déplorable état, l'unique douceur de la pauvre malade était de prononcer l'adorable nom de Jésus.

Dès le point du jour, on fit appeler le confesseur et le médecin, qui furent pétrifiés de ce douloureux spectacle. Après avoir attentivement examiné l'état de Rose, le médecin assura que de telles douleurs étaient au-dessus de toute patience humaine, et dépassaient les connaissances de son art ; c'était sans doute là le calice d'amertume que lui avait préparé le Seigneur, et qui lui avait été prédit plusieurs années auparavant. Le guide spirituel de notre sainte, pensant que sa modestie naturelle l'empêchait de parler avec détails de ses souffrances, l'engagea à les faire connaître au moins à son médecin, et notre obéissante Rose se rendit à ses désirs, et donna ainsi qu'il suit l'explication des douleurs sans nombre qui l'accablaient :

« Je conviens que j'ai bien mérité tout ce que je souffre, mais je ne comprends pas que tant de douleurs diverses puissent se trouver réunies sur une seule personne. Il me semble qu'une pointe embrasée est enfoncée dans ma tête et répand une ardeur horrible dans tout mon être, et qu'un poignard me perce le cœur d'outre en outre. Ces deux douleurs réunies forment la figure d'une croix. Il me semble par moment qu'un casque de fer rouge entoure ma tête, et que des pointes aiguës y sont enfoncées à coups de marteaux ; mes os sont desséchés, et j'éprouve dans toutes les articulations des souffrances inexprimables. A chaque instant, elles deviennent plus cruelles, et la pensée d'être à charge à ceux qui m'entourent rend ma situation de plus en plus pénible. Au reste, je suis dans les mains de Dieu, et j'accepte tout ce qu'il ordonnera de moi. »

Cet exposé lamentable mit le comble à la perplexité des médecins, qui ne pouvaient s'expliquer un état si extraordinaire.

La sainteté de Rose leur était trop connue pour qu'ils se permissent d'élever le moindre doute sur la véracité de ses paroles, et ils ne trouvaient, dans le détail qu'elle venait de leur donner, aucun des indices qui mettent ordinairement la médecine sur les traces du mal.

Rose avait demandé comme une grâce à Marie Uzatégui de lui permettre de demeurer en silence pendant quelques instants, afin de pouvoir jouir intérieurement de la similitude de ses douleurs avec celles de notre divin Sauveur sur la Croix ; mais sa mère vint troubler ce recueillement si doux, en lui adressant quelques questions sur son état. Notre sainte répondit « que ses souffrances étaient généralement répandues sur toute sa personne, et qu'elle n'y trouvait que la seule consolation de penser qu'elles avaient quelque ressemblance avec celles de la Croix.

Craignant que le laconisme de sa fille ne mit obstacle à ce que les médecins eussent une connaissance exacte de son mal, Marie de Oliva lui ordonna d'entrer dans de plus grands détails.

La faiblesse de notre sainte lui rendait l'usage de la parole très-pénible ; néanmoins, se rappelant la patience dont N.-S. Jésus-Christ avait donné l'exemple pendant les tourments de sa Passion, elle rassembla courageusement le peu de force qui lui restait, et entra de nouveau dans les mêmes explications qu'elle avait déjà données, puis elle ajouta :

« Il me semble que l'on m'arrache le cœur et les entrailles, et que ma mâchoire est serrée avec un fil de fer qui lui rend ses mouvements aussi difficiles que douloureux. Mes oreilles me paraissent comprimées par de dures bandelettes ; mon gosier et ma bouche semblent dévorés par une plaie, et je suis continuellement en proie à une soif ardente. Tels sont, ma mère, les maux qu'il est en mon pouvoir de vous expri-

12

mer ; quant aux autres, je ne saurais les dépeindre. »

Ce récit affligea d'autant plus Marie de Oliva, qu'elle ne voyait aucun adoucissement à apporter au déplorable état de sa fille.

Le 6 août, jour de la Transfiguration, arriva, et ne trouva pas Rose sur le Thabor, mais au Calvaire. Afin qu'aucun genre de supplice ne manquât à notre sainte, ce même jour tout le côté gauche de son corps fut frappé de paralysie, et les remèdes que l'on s'efforça d'y apporter ne firent qu'augmenter le mal. Par un dessein particulier de Dieu, sa langue seule demeura exempte de douleurs, et elle s'en servit jusqu'à son dernier soupir pour rendre gloire au Seigneur. Elle ne pouvait faire le plus petit mouvement sans un aide, et ne cessait de témoigner sa reconnaissance aux personnes qui lui donnaient leurs soins, en déplorant les fatigues qu'elle leur causait.

Le 17 août, la maladie de notre sainte arriva à son apogée. Plusieurs maux cruels vinrent se joindre à ceux qu'elle souffrait déjà ; la fièvre se déclara pour ne plus la quitter, et Rose devint une véritable martyre dont le courage étonnait tous les assistants. Depuis le jour que, dans la célèbre vision de l'arc, elle avait accepté les terribles douleurs qui devaient terminer sa vie, sa résignation ne s'était jamais démentie, et dans le moment dont nous parlons, où tous les maux semblaient se conjurer pour l'accabler, le calme et la sérénité répandus sur son front excitaient l'admiration de ses guides spirituels.

Le cœur inondé de joie au milieu de ses souffrances, Rose s'écriait souvent, comme saint François Xavier :

« Encore plus, Seigneur, encore plus... »

Puis elle ajoutait :

« Que l'adorable bon plaisir de votre sainte volonté
« s'accomplisse... Comblez la balance... Mettez-y
« douleur sur douleur, mais en même temps aug-
« mentez ma patience. »

D'autres fois, elle s'exprimait ainsi :

« Seigneur, venez à mon aide, car sans votre puis-
« sant secours je ne puis rien. »

Un jour qu'il lui était survenu un crachement de sang, elle adressa ces paroles à Dieu :

« Puisque vous voulez, Seigneur, que je lave mes péchés dans ce sang, ne me punissez pas dans votre colère. »

Prenant son crucifix et le pressant contre son cœur, on l'entendit prononcer ces paroles :

« Je croyais, Seigneur, que vous aviez déjà pleine-
« ment exaucé la prière que je vous avais faite de m'en-
« voyer des peines et des afflictions, car, dès ma plus
« tendre enfance, mon pain a été détrempé de mes
« larmes, mais puisque vous en jugez autrement, que
« votre volonté soit à jamais bénie. »

Entendant un jour une personne compatir à ses douleurs, elle lui dit en souriant :

« Dieu a voulu que je prisse soin d'un malheureux orphelin, et je l'ai fait élever dans l'espoir que, se consacrant à lui, il porterait un jour les lumières de l'Évangile aux nations infidèles. Alors c'était une charge morale qui m'était imposée : mais aujourd'hui (et que la volonté de Dieu s'accomplisse encore), un double fardeau pèse sur moi, puisque j'ai en quelque sorte deux enfants à nourrir et à soigner, dans ces deux membres dont l'usage m'est refusé, et qui sans cesse réclament ma sollicitude. »

Par ce badinage, notre sainte faisait allusion à cette paralysie qui était pour elle une nouvelle épreuve à subir.

Tant de jours et de nuits passés si douloureusement sans que le plus léger sommeil vînt clore ses paupières, et l'inflammation du cerveau lui faisant craindre que ses facultés intellectuelles ne fussent compromises, Rose supplia d'une voix mourante tous les assistants de joindre leurs prières aux siennes, pour demander à Dieu de la préserver de ce malheur en adoucissant celles de ses souffrances qui pourraient porter atteinte à son jugement. Ses vœux furent pleinement exaucés, et jusqu'à son dernier soupir, elle conserva le parfait usage de sa raison.

Quelquefois, profondément absorbée dans la contemplation, Rose semblait s'assoupir, et son entourage se laissait aller à une lueur d'espérance, en pensant que ce prétendu repos était de bon augure; mais en les entendant se féliciter, elle leur disait :

« Mes souffrances sont trop violentes et trop continuelles pour me permettre le plus léger sommeil, et je dois me résigner à mourir, mais auparavant, et par amour pour mon divin Maître, il faut que je boive jusqu'à la lie le calice amer qui m'est préparé. »

Ayant demandé un peu d'eau mêlée de vinaigre et de fiel, la femme de Gonzalve s'y refusa, donnant pour raison la recommandation du médecin de ne lui faire prendre aucune boisson. Attristée de ce refus, Rose lui dit avec l'accent de la douleur :

« Avez-vous donc oublié, ma mère, la promesse que
« vous m'avez faite il y a quatre mois, de ne pas me

« refuser à boire, lorsque pendant ma dernière maladie
« je serais dévorée par une soif cruelle. »

Ce doux reproche ne put désarmer Marie Uzatégui, et l'infortunée Rose dut souffrir jusqu'à sa mort le cruel supplice de la soif... C'était donc en vain qu'elle répétait sans cesse les paroles mémorables du divin Époux : « *J'ai soif.* »

CHAPITRE XXIX.

MORT PRÉCIEUSE DE ROSE.

Le moment approchait où notre sainte allait jouir du bonheur éternel. Les symptômes les plus certains de sa fin prochaine se manifestaient, et ne promettaient plus à ceux qui l'aimaient de se dissimuler le danger qui menaçait sa vie. Son confesseur fut donc appelé de nouveau, et après avoir fait sa confession générale, Rose exprima à haute voix le repentir de toutes ses fautes. Ceux qui étaient présents à cet acte de contrition si touchant ne pouvaient comprendre comment, en proie à de si cruelles souffrances, elle put encore trouver des larmes pour pleurer si amèrement des fautes si légères.

Trois jours avant sa mort, Rose demanda à recevoir les derniers sacrements. Lorsqu'elle entendit approcher le prêtre qui lui apportait le saint Viatique, l'excès de sa joie la rendit immobile, et son visage se colora d'une vive rougeur. Ce religieux recueillement ne l'empêcha cependant pas de répondre avec précision au prêtre, lorsque, tenant la sainte Hostie, il lui adressa les questions d'usage dans ce moment suprême. Après la communion, notre admirable sainte étant devenue d'une pâleur excessive, et ses lèvres ne faisant plus aucun mouvement, le père Laurenzana craignit un instant qu'elle eût été trop faible pour consommer la sainte Hostie, mais elle le rassura. Se rappelant alors les merveilleux effets que produisait en elle l'adorable sacrement de l'Eucharistie (et que nous avons relatés au chapitre XXIIe), le père Laurenzana, disons-nous, l'exhorta à jouir en paix de son divin Soleil. Ces paroles étaient bien justement appliquées dans ce moment, car tandis que le Soleil eucharistique inondait de ses flammes le cœur de l'humble vierge, notre soleil matériel passait du signe du lion dans celui de la vierge.

Une chose digne de remarque, c'est que, pendant la maladie de Rose, cette sainte était placée entre les signes du lion et de la balance. Ses os semblaient incessamment broyés entre les dents du lion, et un poids éternel de gloire la tenait suspendue dans cette balance dont nous avons parlé au chapitre XVIIe.

Lorsque Rose eut reçu le sacrement de l'Extrême-Onction, cette huile de consolation et de joie la fortifia tellement, que l'on ne pouvait croire qu'elle fût en proie aux terribles combats de l'agonie. Son visage exprimait plutôt la force et le triomphe que l'accablement des derniers moments de la vie; l'âme de notre sainte jouissait de la plus parfaite sécurité sur le bonheur éternel qui lui était réservé, et sa joie était d'autant plus vive, qu'elle avait l'intime conviction que cette félicité inappréciable ne devait pas être retardée par les cruelles épreuves du purgatoire. Semblable au cygne dont le chant présage la mort, Rose faisait avec allégresse sa profession de foi.

« Oui, disait-elle, je veux mourir comme j'ai vécu, fille de la sainte Église Apostolique et Romaine. J'ai toujours cru, et je crois fermement tous les articles de la foi, et jamais pendant ma vie je n'ai faibli dans ma croyance. »

Elle demanda que l'on étendit sur son lit le scapulaire qu'elle portait afin de mourir en véritable enfant de saint Dominique, et que ses regards fussent continuellement fixés sur l'étendard de cette milice religieuse, qui n'avait jamais cessé de la guider dans le chemin du ciel. Elle apprit avec joie du père Laurenzana que, dans l'ordre de Saint-Dominique, il était d'usage d'étendre le saint scapulaire sur les frères mourants. Elle désira que l'on approchât le sien de ses lèvres, puis le baisant avec respect, il lui sembla qu'elle était en quelque sorte conduite par cette voie lactée aux célestes régions.

Le père François-Barthélemy Martinez, prieur du couvent de Sainte-Madeleine, et qui pendant cinq ans avait dirigé la conscience de Rose, étant venu la voir peu de jours avant sa mort, elle lui demanda de lui enseigner une prière pour obtenir de Dieu le pardon de ses ennemis, et ce pieux religieux, tenant dans ses mains l'image de N.-S. Jésus-Christ mort sur la croix, lui fit dire avec lui ces paroles d'un Dieu mourant :

« Mon Dieu, pardonnez-leur. »

Elle trouva une ineffable douceur à les prononcer, et après avoir remercié le saint religieux de lui avoir donné un moyen de plus d'imiter son divin Maître, lorsqu'il souffrait les dernières angoisses du Calvaire, elle exprima le désir de voir réunis autour d'elle tous les serviteurs de Gonzalve, et toujours guidée par cette excessive humilité qui la caractérisait, elle leur demanda pardon des mauvais exemples qu'elle croyait leur avoir donnés, ainsi que de la singularité de sa vie qui avait pu leur être à charge ; puis elle leur témoigna ses regrets, de ce que pendant les deux jours qui lui restaient à vivre, elle allait leur causer encore bien des fatigues et les engagea à en supporter le surcroît avec résignation, afin de ne pas perdre devant Dieu le fruit de leur si longue patience jusque là. Ces serviteurs, qui depuis si longtemps savaient apprécier les vertus de notre sainte, et profondément attendris par ces paroles, ne purent retenir leurs larmes.

Gonzalve, cet homme vraiment remarquable par ses lumières et sa prudence, et qui dès les plus jeunes années de Rose n'avait jamais cessé de lui témoigner une affection toute paternelle, Gonzalve, disons-nous, voyant que bientôt le ciel allait la ravir à la terre, songea aux dispositions à prendre pour préparer à ses restes mortels une dernière demeure.

Ainsi que nous l'avons dit, les religieuses dominicaines ne furent établies à Lima que plusieurs années après la mort de notre sainte. Il pensa donc qu'à leur défaut les pères de Saint Dominique devaient la recevoir dans leur cimetière ; mais considérant en même temps que la paroisse pourrait revendiquer ses droits à la conservation de ce précieux dépôt, et craignant qu'il n'en résultât un conflit regrettable, il engagea Rose à témoigner elle-même ce désir aux pères Dominicains.

Il connaissait depuis longtemps sa profonde humilité et son détachement complet des choses de ce monde, qui la portaient sans cesse à n'envisager que les besoins spirituels ; il lui fit donc entrevoir cette demande aux pères de son ordre, comme une grâce, une aumône qu'elle réclamait de leur charité, et obtint enfin qu'elle se rendît à ses désirs.

Ainsi que nous l'avons souvent fait remarquer, elle recevait avec une sainte avidité les horribles douleurs de sa dernière maladie, et on l'entendait répéter souvent :

« Brûlez, Seigneur, frappez, ne m'épargnez pas.
« Quelques souffrances que vous m'envoyiez pour effa-
« cer mes fautes, elles seront toujours légères à mes
« yeux. »

Au moment où le faible corps de notre sainte allait succomber sous le poids de tant de maux, ses forces morales, au contraire, semblaient recevoir un accroissement d'énergie. Un jour donc, ne pouvant maîtriser la joie qui inondait son cœur si abondamment, elle s'écria avec bonheur :

« Plus mon corps est affaibli par la maladie, plus
« aussi mon âme acquiert de forces. »

Un homme fort pieux compatissait un jour aux douleurs de Rose, et l'engageait à les supporter avec résignation, en songeant qu'elles touchaient à leur terme, et qu'ainsi purifiée dans le creuset des souffrances, son âme jouirait bientôt des félicités éternelles.

« C'est ce que je demande à mon divin Sauveur,
« lui dit-elle; je désire qu'il me purifie sans cesse par
« ce feu dévorant, afin de me rendre digne de pa-
« raître devant lui. »

En approchant du terme de son existence, Rose éprouva des intervalles de douceur et de calme, qui lui firent goûter par anticipation les félicités du ciel. Quelques instants avant de rendre sa belle âme à Dieu, elle dit au père Niéto :

« O mon père, si le peu de temps qui me reste à vi-
« vre me le permettait, que de choses admirables j'au-

« rais à vous dire de l'éternité... Bientôt je boirai à
« longs traits dans la coupe de cette félicité sans fin...
« Bientôt je pourrai comtempler la face adorable de
« mon Dieu... Combien j'ai souhaité ce bonheur pen-
« dant l'exil de mon pèlerinage sur la terre... »

Rose ayant témoigné le désir de recevoir avant de mourir la bénédiction de ses parents, son père, assez souffrant dans ce moment, se fit porter près de son lit. En jetant les yeux sur sa fille mourante, les sanglots s'échappèrent avec force de sa poitrine, et les assistants ne purent retenir leurs larmes à la vue d'un si triste spectacle.

Rose conservait son calme inaltérable, et baisant respectueusement les mains de ses parents, elle leur dit que se sentant à la fin de sa carrière, elle leur demandait leur bénédiction avant que le dernier fil de son existence fût rompu. Se tournant ensuite vers Gonzalve et sa femme, qu'elle avait toujours tendrement aimés, elle leur demanda la même grâce, afin, disait-elle, de la fortifier dans ce dernier voyage. Puis elle fit une touchante exhortation à ses frères sur la sollicitude et le respect qu'ils devaient à leurs parents. Dans ce moment, les paroles du divin Maître, à saint Jean :

ECCE MATER TUA

lui revinrent à l'esprit et elle les rappela dans cette dernière circonstance.

Elle fit approcher les filles de Gonzalve, leur parla avec une onction admirable de la crainte de Dieu et de l'amour de la vertu, en les engageant à faire tous leurs efforts pour rendre heureux et calmes les vieux jours de leurs parents. Enfin, s'adressant encore une fois aux serviteurs qui l'entouraient tristement, elle les exhorta à s'acquitter avec zèle de leurs devoirs, et à marcher avec constance dans les voies de la piété chrétienne. Les paroles de Rose avaient dans ce moment tant de persuasion et de force, qu'elles semblaient sortir plutôt de la bouche d'un ministre du Seigneur que de celle d'une jeune vierge.

Le père Laurenzana remarquant la force et la présence d'esprit de Rose, et ne pouvant croire qu'elle dût mourir pendant la nuit, se disposait à rentrer dans son couvent pour y chanter les matines; mais notre sainte, qui savait qu'elle n'avait plus que quatre heures à vivre, lui demanda sa bénédiction dernière avant de paraître devant Dieu, puis, voyant qu'il hésitait à la donner, elle lui dit :

« Sachez, mon Père, quec ette nuit, lorsque la fête de
« saint Barthélemy commencera, les fêtes éternelles
« commenceront aussi pour moi. Déjà, je suis appelée
« à participer au divin banquet... Déjà l'heure est
« fixée... Ne voulez-vous pas que je parte tandis que
« les portes de l'éternité me sont ouvertes... »

Il y avait tant de grâces, de sérénité, de noblesse et d'assurance répandues sur toute la personne de Rose en prononçant ces paroles, qu'elle paraissait goûter par avance les joies ineffables du paradis.

Au milieu de la nuit, elle demanda un cierge bénit, et fit le signe de la Croix sur son front, sur sa bouche et sur son cœur. Elle pria son frère de lui ôter son oreiller, afin que sa tête touchant le bois de son lit, elle eût plus de similitude avec son divin Rédempteur, qui au moment de sa mort n'avait que le bois de la Croix pour reposer la sienne.

Enfin, avec le parfait usage de ses facultés intellectuelles, et sans qu'aucune altération parût sur son visage, elle leva les yeux au ciel en prononçant ces dernières paroles :

« JÉSUS, JÉSUS, SOYEZ AVEC MOI. »

et rendit paisiblement sa belle âme à Dieu.

Remarquons en passant que dès sa plus tendre enfance, ces paroles avaient été sa formule habituelle de prières, et qu'elle s'en servit une dernière fois avant d'expirer comme pour porter aux frontières de la céleste patrie la preuve de sa simplicité et de son innocence.

Rose et Aloysa de Serrano, unies depuis longtemps par les liens d'une vive amitié, s'étaient fait la mutuelle promesse que celle qui mourrait la première se montrerait à l'autre. En effet, peu d'instants après la mort de notre sainte, celle-ci apparut à son amie brillante de clarté, et lui fit voir la région céleste qu'elle habitait pour toujours.

Après la mort de Rose, l'incarnat de ses joues, ses lèvres vermeilles sur lesquelles un doux sourire était resté, la transparence et le charme de ses yeux, permettaient de douter qu'elle eût cessé d'exciter ; et ceux qui l'entouraient ne furent convaincus de la triste réalité, que lorsque, mettant sur sa bouche un miroir, ils reconnurent qu'elle ne respirait plus.

Ce fut le premier et le dernier usage auquel lui servit un miroir.

Lorsque notre sainte expira, ceux qui naguère étaient plongés dans l'affliction sentirent naître instantanément dans leurs cœurs la plus douce consolation. On assure que dans ce moment le pauvre grabat de Rose fut environné de lumière.

Marie Uzatégui attesta que le même prodige se manifesta autour de son cercueil, tandis qu'il était exposé dans sa maison, et que trois jours auparavant il lui avait été révélé que la sépulture de notre sainte aurait un éclat et une gloire qui ressembleraient plutôt à une fête qu'à une pompe funèbre.

Dès la pointe du jour, la place sur laquelle était située la maison de Gonzalve fut envahie par une foule immense.

Parmi les personnes marquantes qui vinrent rendre hommage à Rose, se trouvait le Père Laurenzana, qui, après avoir considéré la sérénité et l'expression toute céleste répandues sur son front, ne put s'empêcher de s'écrier :

« Bénis soient les parents qui vous donnèrent le jour... Bénie soit l'heure de votre naissance... Soyez bénie par le Seigneur, heureuse fille de Dieu, qui jouissez maintenant de la présence de votre Créateur... Vous êtes morte comme vous avez vécu en conservant intacte la grâce baptismale... Vous avez emporté au ciel la pureté enfantine de la candeur virginale... Suivez, suivez maintenant le divin Agneau. »

Tandis que le saint Religieux parlait, une foule compacte se pressait autour du cercueil de Rose, et contemplait avec ravissement son visage angélique couronné de fleurs. La noblesse et le peuple de Lima, les étrangers de toutes nations qui s'y trouvaient, tous grands et petits, se disputaient la faveur de s'approcher de cette sainte dépouille, et baisaient respectueusement ses pieds et ses mains. Les uns faisaient toucher au corps de Rose des couronnes de fleurs qu'ils emportaient avec vénération dans leurs demeures ; les autres coupaient des morceaux de sa robe, qu'ils considéraient comme de précieuses reliques, et l'on fut obligé de placer des gardes pour s'opposer à ces pieux larcins.

Les personnes qui avaient vécu dans l'intimité de Rose voulurent, par un sentiment de respect, lui fermer les yeux ; mais ce fut en vain. Il semblait que notre sainte se plût à jeter encore, et même après sa mort, un doux regard sur la ville de Lima.

L'affluence augmentait à tout instant ; déjà les salles et les galeries étaient insuffisantes au concours qui s'y portait de toutes parts, lorsque le vice-roi en ayant été instruit, envoya la force armée chez Gonzalve pour y maintenir l'ordre.

On ne pouvait s'expliquer ce mouvement unanime pour rendre hommage à une vierge si humble pendant sa vie, dont le soin incessant avait été de se soustraire aux regards et aux vains applaudissements du monde.

Marie Uzatégui vit ainsi s'accomplir cette prédiction qui lui avait été faite, que la sépulture de Rose serait glorieuse.

ROSE BÉNIE ET GLORIEUSE, AU PARADIS OU VOUS ÊTES POUR TOUJOURS, PRIEZ POUR NOUS.

CHAPITRE XXX.

FUNÉRAILLES DE ROSE.

Le bruit s'étant répandu que le corps de la bienheureuse Rose serait transporté, à la chute du jour, de la maison de Gonzalve à sa dernière demeure, plusieurs heures auparavant, le passage du convoi funèbre était obstrué par la foule, et les rues avaient peine à contenir l'affluence qui s'y pressait.

Ce n'était ni le crieur public, ni les cloches de l'église qui avaient rassemblé cette multitude, mais bien une tendre dévotion pour notre sainte, dont le souvenir devait demeurer à jamais gravé dans tous les cœurs.

L'archevêque de Lima, voulant honorer de sa présence la pompe funèbre, tenta vainement de se rendre à la maison de Gonzalve. Il fut obligé d'y renoncer et d'aller attendre le corps à la porte de l'église Saint-Dominique.

Un grand nombre de pieuses confréries se réunirent simultanément à la maison mortuaire. Une suite de religieux mendiants se joignit à elles. On y remarquait avec surprise le chapitre métropolitain, dont l'usage était de ne suivre que le convoi des archevêques de Lima; et les sénateurs, qui n'assistaient jamais qu'à celui du vice-Roi. Les troupes voulurent aussi par leur présence rendre hommage à notre sainte.

Les fenêtres et les balcons étaient envahis ; sur les murs et au faîte des maisons, on voyait une multitude de spectateurs, avides de considérer une dernière fois celle qui pendant sa vie leur avait inspiré tant de vénération.

Jamais on n'avait remarqué un mouvement si général et si spontané dans la ville. Toutes les classes de la société s'y étaient portées en masse.

Les portes de la maison de Gonzalve s'ouvrirent enfin, et la dépouille mortelle de notre sainte, portée par les membres du chapitre métropolitain, quitta ce lieu si souvent édifié par ses éminentes vertus, et dont les pieux habitants l'avaient tant aimée. Lorsque le cortége eut traversé lentement la place, le sénat voulut à son tour se charger de ce précieux fardeau, puis les différents ordres religieux se partagèrent alternativement cet office jusqu'à l'église Saint-Dominique. Les gardes du vice-roi protégèrent la marche du convoi en lui ouvrant un passage à travers la foule compacte, et défendaient celle qu'ils comptaient déjà au nombre des citoyens du ciel de la pieuse rapacité du peuple, qui s'efforçait d'enlever quelques parcelles de ses vêtements. Ils furent plusieurs fois contraints de se servir de leurs hallebardes pour empêcher la multitude d'approcher de trop près; mais quelle que fût leur vigilance, on s'aperçut en entrant à l'église que la couronne avait été enlevée, et il fallut s'en procurer une autre. Arrivé sur le seuil du temple saint que la modeste vierge avait tant de fois franchi pendant sa vie, l'officiant vint donner de l'eau bénite au corps, et dans ce moment le visage de Rose brilla d'un éclat si extraordinaire, que le peuple s'écria :

« La vierge n'est pas morte, elle n'est qu'endormie. » Lorsque le cercueil eut été déposé sur le catafalque préparé pour le recevoir dans la chapelle principale, les personnes qui se trouvaient dans celle du Rosaire s'aperçurent avec surprise que la statue de la très-sainte Vierge brillait d'un éclat inaccoutumé. Cette auguste reine du ciel voulait sans doute faire connaître sur la terre que les honneurs rendus en ce moment à sa servante étaient la juste récompense de sa pureté et de ses vertus. Les religieux de différents ordres placés autour du cercueil en faisaient approcher les infirmes et les malades, qui venaient de toutes parts demander leur guérison par l'intercession de la bienheureuse.

Nous parlerons en détail dans les notes subséquentes des effets merveilleux qui se produisirent alors. A quelque distance les gardes veillaient au maintien de l'ordre, qu'ils n'obtenaient qu'avec peine. La foule du peuple était telle que l'on n'entendait plus les chants religieux.

En présence de l'archevêque de Lima, du sénat royal, du chapitre métropolitain, des prélats et des personnes de distinction qui remplissaient l'église, on songea à transporter le corps de Rose à sa dernière demeure, mais il fallut par prudence remettre cette cérémonie au lendemain. Le peuple, voyant que cet objet si cher allait lui être ravi, fit éclater de si vives démonstrations de douleur, que l'on craignit de ne pouvoir maintenir la tranquillité.

Lorsque le peuple se fut retiré, on fit approcher du

corps les personnes marquantes de la ville, qui vinrent baiser les mains innocentes et pures de notre sainte ; mais dans ce moment la foule se précipita de nouveau avec tant d'impétuosité dans l'église, que l'archevêque ne pouvant plus faire entendre sa voix à la multitude, fit signe aux religieux de transporter la sainte dépouille dans la sacristie, mais cela ne fut pas possible, et on la déposa dans le sanctuaire des novices. L'archevêque se rendit alors près du cercueil de notre sainte, et après avoir prié avec un accroissement de ferveur tout particulier, il porta pieusement la main de Rose à ses lèvres, et s'aperçut qu'elle avait conservé la plus parfaite flexibilité.

Dès la pointe du jour, les cloches se firent entendre et l'affluence fut la même que la veille. Cette multitude passionnée d'admiration se pressait dans le lieu saint pour vénérer une dernière fois cette Rose bénie qui y était exposée à leurs regards. Un grand nombre d'habitants de la campagne vinrent de plusieurs lieues se joindre aux citoyens de Lima. De tous côtés, on présentait des médailles et des chapelets pour les faire toucher au corps de la bienheureuse ; un nombre infini de malades y étaient portés dans l'espoir d'obtenir leur guérison comme ceux qui les avaient précédés la veille ; les enfants passaient de mains en mains au-dessus des assistants pour leur faire toucher la sainte relique. Ce jour encore, quelle que fût la surveillance des gardes et des religieux, le voile et une partie des cheveux de Rose furent enlevés, ainsi qu'un morceau de sa robe, qu'il fallut renouveler jusqu'à six fois ; et l'on découvrit avec douleur que l'un de ses doigts avait été coupé. L'affluence ne permit pas à l'archevêque d'entrer par la porte principale de l'église, et il fallut l'y introduire par la sacristie.

Mille voix proclamaient la sainteté de Rose, et l'on essaya de se servir de clochettes pour avertir les chantres ; mais ce moyen devenant insuffisant, l'on fut forcé de faire entrer le lutrin dans le sanctuaire.

Lorsqu'après l'absoute on se disposa à transporter le corps de notre sainte à sa dernière demeure, le peuple se précipita vers le catafalque en faisant entendre de nouvelles clameurs. Craignant de n'être plus maître de l'impétuosité de cette multitude, l'archevêque fit avertir les assistants que la cérémonie funèbre aurait lieu plus tard. Cet avertissement fut accueilli avec joie, et la sécurité devint complète lorsque l'on vit le prélat quitter ses habits pontificaux et monter en voiture pour rentrer dans son palais.

Le respect et la confiance étaient encore augmentés par la manière extraordinaire dont le corps de Rose se conservait. Dans un climat si chaud et si humide, au milieu de tant de parfums et de lumières, nul changement ne se manifesta pendant les trente-six heures qu'il demeura exposé. La flexibilité des membres de notre sainte, la blancheur de ses mains, ses lèvres et ses joues vermeilles, la pureté et la vie de ses yeux doucement entr'ouverts, faisaient l'admiration générale. Son corps conserva longtemps l'odeur toute céleste qui s'en exhalait dans ce moment, et lorsqu'il fut exhumé dix-neuf mois après, les assistants furent encore frappés de ce même prodige.

Le peuple, persuadé que l'inhumation n'aurait lieu qu'à midi se retira avec confiance, et les portes de l'église furent fermées.

Les religieux réfléchirent alors que l'heure la plus favorable à la cérémonie était celle à laquelle les habitants de Lima savaient que les communautés prenaient leur repas. Disposant donc la procession funèbre, le convoi se mit en marche en récitant les prières à voix basse, et les restes de Rose furent portés à l'église conventuelle. On les plaça dans un cercueil de cèdre que l'on scella avec des verroux, et ils furent descendus dans un caveau préparé à cet effet, dont on ferma l'entrée avec des briques, sur lesquelles on répandit de la chaux vive ; puis enfin les prières d'usage étant terminées, les prêtres se retirèrent en silence.

L'heure de midi fut pour le peuple comme la fin d'une trêve. Il se précipita de nouveau dans l'église, et s'apercevant avec douleur que son trésor lui avait été ravi, il s'empara des clefs du péristyle, et fondit dans le lieu où le corps de Rose venait d'être déposé; tous ramassèrent avec respect de la terre qui recouvrait sa tombe, et l'emportèrent dans leur demeure comme une précieuse relique. De toutes parts arrivaient des voitures au tombeau de notre bienheureuse, et pendant plus d'un mois les personnes les plus marquantes de la ville et des environs se pressaient sur le chemin de sa cellule solitaire, où elle avait passé tant d'heures devant Dieu, et demandaient comme une grâce à Marie Uzatégui quelques objets dont notre sainte se fût servie pendant sa vie pour les conserver religieusement.

Le nombre infini de miracles qui s'opéraient chaque jour au tombeau de Rose augmentait celui des pieux pèlerins qui s'y rendaient, et les habitants de Lima, trouvant qu'elle n'avait pas été honorée pendant sa vie, demandèrent d'une voix unanime qu'on lui fît un service solennel auquel le vice-roi et toutes les autorités de la ville se proposèrent d'assister. L'archevêque désigna pour cette solennité le quatre septembre, qui sembla lui avoir été inspiré d'en haut, car en ce jour, l'Église honore l'entrée dans le ciel de sainte Rose de Viterbe.

Le quatre septembre fut un jour mémorable pour la ville de Lima, et l'église Saint-Dominique eut peine à contenir la foule immense qui s'y porta. On prononça le panégyrique de notre sainte, dans lequel ses sublimes vertus furent exaltées avec un rare talent; puis le prédicateur essaya d'adoucir la douleur des assistants qui déploraient que l'objet de leur vénération et de leur amour ne fût pas au milieu d'eux dans ce moment solennel. L'office reprit ensuite son cours ordinaire, mais tandis que le clergé priait le Tout-Puissant en faveur de Rose, le peuple se recommandait avec confiance à celle qu'il nommait sa protectrice.

Pendant que l'on rendait de si grands honneurs à notre sainte dans la ville de Lima, sa réputation se répandait dans tout le royaume ; et les Péruviens chantaient à l'envi les louanges de la nouvelle habitante des cieux.

Jusqu'alors, la vie si humble, si mortifiée de Rose et son nom même avaient été ignorée dans le Potose ; mais aussitôt que la nouvelle de sa mort et des prodiges qui la suivirent y parvinrent, la joie la plus vive éclata de toutes parts. Les cloches des églises se firent entendre ; les cierges brillèrent et tous les cœurs lui rendirent hommage. Chacun croyait avoir une nouvelle avocate au ciel, et les nombreux miracles qui sont relatés dans les notes qui suivent cette vie prouvent qu'une si douce espérance ne fut pas vaine.

CHAPITRE XXXI.

TRANSLATION SOLENNELLE DU CORPS DE ROSE.

On aurait pensé que le souvenir de Rose s'effacerait peu à peu des cœurs, mais il n'en fut pas ainsi ; le nombre infini des grâces obtenues à son tombeau augmentait chaque jour l'affluence qui s'y portait, et on y remarquait une multitude de pèlerins qui venaient des contrées lointaines implorer sa puissante intercession.

Mais ce tombeau, situé dans le couvent des dominicains, était par cela même d'un difficile accès, et ne pouvait être visité qu'à certaines heures, ce qui affligea beaucoup la population de la ville. Elle en témoigna hautement son mécontentement en disant que cette dépouille chérie était le trésor commun, la consolation des âmes pieuses, la ressources des affligés, et qu'il était juste qu'elle fût placée au milieu de ceux dont le respect et l'affection pour elle étaient si grands.

L'archevêque de Lima, instruit de ce désir, et ayan lui-même la plus profonde vénération pour notre sainte, donna le 27 février 1619 le décret suivant, qui fut accueilli avec transport :

« La pétition des habitants de Lima ayant été lue
« et considérée avec soin devant le très-illustre

« archevêque de Lima (Barthélemy Lobo Guererro), et vu
« l'importance des raisons qui y sont données et l'ac-
« clamation universelle par laquelle dans toute la ville
« et le royaume Rose de sainte Marie du tiers-ordre
« de Saint-Dominique est considérée comme sainte, la
« permission est accordée que son corps soit transféré
« du lieu où il repose à l'église Saint-Dominique, où
« il pourra être plus facilement visité. »

« Signé par François-Augustin de Véga, provincial de cet ordre, et par le même prélat, en ma présence Ferdinand Vécéril, docteur. »

Cette translation ne put avoir lieu avant le 18 mars suivant, à raison des nombreux préparatifs qu'elle nécessitait. Le corps de notre sainte fut mis dans un nouveau cercueil de cèdre doré. Il fut attesté que sa précieuse dépouille répandait le même parfum céleste qui s'était déjà fait remarquer, que son visage n'avait souffert aucune altération, et que les mains seules avaient perdu de leur blancheur primitive, ce qui fut attribué à la multitude de personnes qui les touchèrent, lorsque le corps fut exposé pour la première fois.

Ce jour si impatiemment attendu arriva. Les religieux de différents ordres s'avancèrent processionnellement ayant à leur tête le signe de notre rédemption, accompagné de quatre acolytes et de deux thuriféraires, le provincial et les ministres sacrés magnifiquement vêtus, puis enfin paraissait l'archevêque de Lima, et Féliciano de Véga, juge ordinaire du saint office, chanoine métropolitain et vicaire général. Les prières d'usage, l'aspersion, et l'encensement étant terminés, six prêtres en aubes avec l'étole et le manipule se chargèrent de la sainte dépouille, et l'on se dirigea vers l'église Saint-Dominique, tendue et ornée avec la plus grande magnificence.

Dès que le peuple qui remplissait depuis longtemps l'église aperçut le cercueil doré, les cris de joie et les applaudissements couvrirent entièrement les chants religieux; et au moment où les restes de notre sainte furent déposés sur le magnifique catafalque préparé à cet effet, l'archevêque se rendit sur son trône, et le provincial, accompagné des ministres sacrés, s'avança vers l'autel et commença le saint sacrifice.

Alors se fit entendre une musique harmonieuse composée pour la circonstance, mais à laquelle l'assistance demeura insensible, absorbée qu'elle était par l'objet de sa vénération. Cette cérémonie avait une pompe extraordinaire : le catafalque était entouré d'un magnifique tapis recouvert d'un drap d'or, les cierges par milliers brûlaient sur des candélabres d'argent ; en un mot, cet appareil était celui d'une fête, et n'offrait rien de triste à l'esprit.

Après l'évangile, le père de Bilbao, premier dignitaire de l'université de Lima, et qui avait pendant plusieurs années dirigé la conscience de Rose, prononça son panégyrique. Il était plus à même que personne de remplir cette honorable tâche, ayant eu une si exacte connaissance de son cœur, de ses lumières intérieures, et des grâces toutes spéciales dont elle avait été si abondamment favorisée par le Seigneur. Lorsqu'il monta en chaire, le silence et l'attention furent tels, que l'on aurait pu se croire transporté dans le plus profond désert. Le prédicateur s'étendit avec beaucoup de talent sur l'innocence baptismale de Rose qui n'avait jamais été ternie par le péché, sur sa modestie et les exercices secrets de pénitence qu'elle avait pratiqués ; enfin, sur les ardeurs séraphiques et cette connaissance des choses du ciel qu'il plut à Dieu de lui communiquer. L'exposé de faits si admirables et de pratiques de vertus si récentes encore, prononcé en face même du cercueil de notre sainte, émut profondément les cœurs, et le nom de Rose si souvent prononcé dans la chaire fit verser bien des larmes. Lorsque le saint sacrifice fut achevé, l'archevêque, revêtu de ses habits pontificaux, et accompagné des ministres sacrés et des quatre principaux membres du chapitre métropolitain, fit l'absoute ; puis en présence du provincial et des autres prêtres revêtus de l'étole, le corps de Rose fut placé dans une cavité pratiquée dans la muraille à la droite du maître-autel. Ce lieu était superbement orné ; l'or y étincelait au milieu d'un torrent de lumières, et on l'avait entouré d'une grille en fer doré qui, en laissant voir cette sainte dépouille, la défendait en même temps du pieux empressement du peuple. La facilité avec laquelle chacun put visiter le tombeau de Rose causa une satisfaction générale, mais le nombre infini de miracles qui s'y opéraient chaque jour y attira une telle affluence, qu'il fallut songer à une autre translation pour que les offices du maître-autel ne fussent pas troublés.

Le lieu qui parut le plus convenable fut la chapelle de Sainte-Catherine de Sienne, la maîtresse séraphique de Rose, que celle-ci s'était toujours efforcée d'imiter.

Dans ce moment arrivèrent des lettres apostoliques de Rome au sujet de l'examen judiciaire de la vie et des actions de notre sainte. Cet examen fut commencé en mai 1630 et terminé en mai 1632 par la visite des restes de Rose.

On désigna pour inspecteurs du tombeau, Jean de Téxéda et Jean de Véga, docteurs en médecine ; Jean de Valenzuela et Barthélemy, secrétaires, et Aloyso de Molina, chirurgien, qui en présence du père Provincial Gabriel de Zavale, procédèrent à l'ouverture du cercueil. Près de cinq ans s'étaient écoulés depuis la mort de notre sainte, et l'on trouva le corps et les vêtements dans le plus parfait état de conservation. Ses éminentes vertus se révélèrent une fois de plus dans ce moment par l'odeur suave qui s'exhala du tombeau en remplissant les cœurs d'une douce consolation, et y faisant naître une dévotion secrète.

L'an 1640, le procureur général de l'ordre de Saint-Dominique reçut des lettres particulières de Rome, contenant des reproches sur ce que la constitution apostolique d'Urbain VIII, commençant ainsi : « *Cœlestis Jerusalem cives,* » n'avait pas été observée dans les honneurs rendus à Rose, où l'on avait dépassé les bornes qui y étaient prescrites.

Les Pères déplorèrent que la distance qui les séparait de Rome, et la difficulté des communications avec la ville sainte, les eussent empêchés d'avoir connaisance de cette constitution, et s'empressèrent de retrancher tout ce qui en avait dépassé la teneur dans le culte rendu à Rose.

Ce changement subit déplut beaucoup aux habitants Lima, et ils s'en plaignirent hautement. Le peuple allait pleurer chaque jour dans la chapelle de Sainte-Catherine de Sienne, qui ne contenait plus l'objet de son respectueux amour, et dans son indignation il soupçonnait les Espagnols d'avoir gagné les Pères, afin de s'approprier la sainte relique.

On ne parvint à calmer les concitoyens de Rose qu'en leur assurant qu'il n'était nullement question de leur enlever leur trésor, mais seulement de le conserver en silence dans un lieu sûr, et que la ville de Lima n'en serait jamais dépossédée.

CHAPITRE XXXII.

ÉLOGES DE ROSE APRÈS SA MORT.

L'année de la mort de Rose, l'assemblée provinciale des Dominicains du Pérou, réunie à Lima, fit son éloge en ces termes :

« Nous déclarons que notre sœur Rose a terminée sa sainte et admirable carrière. Elle revêtit l'habit de notre ordre, et vécut au sein de sa famille sous la plus rigoureuse observance de la règle, à l'exemple de sainte Catherine de Sienne, dont elle s'efforça jusqu'à son dernier soupir de suivre les traces.

« Elle naquit à Lima le 20 avril 1586; sous l'aile de parents chrétiens, les premiers pas de son jeune âge furent religieusement guidés. Elle avait à peine quinze ans, qu'éclairée par le divin Epoux, elle entra courageusement dans la voie étroite de la perfection. Elle marcha donc dans cette sainte voie par la pénitence la plus admirable ; par ce lit de douleur où chaque nuit elle s'imposait de si cruelles souffrances ; par cette dure couronne revêtue d'épines qui entourait sa tête innocente ; par cette chaîne de fer dont elle se servait pour s'infliger la discipline avec tant de rigueur, que le sol était inondé de son sang ; enfin par sa patience, sa rare humilité, sa pureté angélique, et la pratique de l'oraison et de la contemplation si parfaitement accomplie, elle parvint au degré sublime appelé vie unitive et fut favorisée d'une façon admirable des révélations du ciel. Le don de prophétie lui fut accordé. Elle se fit remarquer par la sainteté et la réunion de toutes les vertus.

« Elle s'endormit dans le Seigneur le 24 août 1617, et fut inhumée dans notre maison conventuelle de Lima, en présence de l'illustre archevêque de Lima, de l'évêque de Guatemala, des chapitres réguliers et séculiers, qui se firent honneur, ainsi que les religieux de plusieurs ordres, de porter alternativement sa sainte dépouille. Une foule immense et extraordinaire se pressait respectueusement autour des restes mortels de cette Rose bénie ; ainsi qu'un grand nombre de malades, qui réclamaient avec instances d'être admis à lui baiser les mains.

« Après son inhumation, son tombeau fut illustrée par de nombreux miracles. »

L'an 1668, l'assemblée générale des religieux franciscains de Lisbonne fit en ces termes l'éloge de notre sainte:

« Rose de Sainte-Marie du tiers-ordre de Saint-Dominique, qui pendant sa vie fut la vivante image de sainte Catherine de Sienne, est ainsi appelée à la page 103 du martyrologe des Dominicains, et y est placée au nombre des bienheureuses. »

Le très-illustre évêque Jean Lopez, dans son histoire de l'ordre des Frères prêcheurs, désigna Rose comme étant l'effigie de cette sainte.

L'ordre des religieux de Sainte-Marie-de-la-Merci pour le rachat des captifs, dans une lettre détaillée adressée au Souverain Pontife Urbain VIII, s'exprima avec éloquence en faisant l'éloge de notre sainte. Nous allons essayer d'en donner un faible extrait :

« Si Rose est admise par votre Sainteté au nombre des bienheureuses, grande sera l'allégresse de tout un royaume. Cette Rose si sainte, qui a d'autant plus mérité aux yeux de Dieu qu'elle a méprisé de tout son cœur l'or périssable de la terre, est devenue la véritable Rose d'or...

« Cette Rose plantée et cultivée d'une façon si spéciale par les mains de la très-sainte Vierge, prit la livrée des Dominicaines, et embrassa la dure carrière de la pénitence par les jeûnes les plus austères, les cilices, les disciplines et les chaînes de fer. Aussi méritait-elle d'unanimes hommages, et la nature se plaisait à lui rendre les siens, alors que par un prodige les plantes et les arbres s'inclinaient devant elle.

« Rose fut choisie pour épouse par le divin Enfant. La fille de Marie de Oliva nous représente un olivier qui ne manque jamais d'huile devant Dieu, conservant toujours l'innocence baptismale. Elle prédit l'établissement du monastère de sainte Catherine de Sienne à Lima, et aussi la consécration future de sa mère au service du Seigneur dans cet ordre.

« Lima, la ville des Rois, supplie donc Votre Sainteté de lui donner pour protectrice au ciel cette Rose royale, et nous aimons à placer ici ces paroles de Virgile : « Dans quel lieu de la terre naissent les fleurs « sur lesquelles sont inscrits les noms des Rois !... » Disons-le encore, très-saint Père, en accueillant nos vœux, votre Sainteté nous comblera de joie. »

L'an 1631, don Pierre de Bédoïa, magistrat de Lima, et en union de ses collègues, fit une adresse au Saint-Père dont nous allons rapporter quelques lignes :

« Grâces soient rendues à Dieu, qui, dans cette contrée si parsemée des épines de l'idolâtrie, a daigné planter cette Rose, célèbre par le parfum de vertu qui s'exhala autour d'elle, qui dans l'ordre de Saint-Dominique brilla d'un éclat si brillant, et dont le tombeau fut témoin de tant de miracles. Cet ange reçut le jour dans la ville des Rois, et nous, prosternés aux pieds de Votre Sainteté, nous la supplions, au nom de tous nos concitoyens, de nous la donner pour patronne au Paradis. »

L'ordre de Saint Jean-Baptiste sollicita ainsi qu'il suit près du Père commun des fidèles la béatification de Rose : « La ville de Lima d'une seule voix et d'un seul cœur vient vous supplier, Très-Saint-Père, de compter au nombre des saints cette Rose bénie qu'elle a vu naître, aussi admirable par les vertus qui ont orné sa vie que célèbre par les miracles opérés à son tombeau. »

Le 1er juin de la même année, le Père provincial des Jésuites du Pérou se fit près du Saint-Père l'interprète de sa compagnie, lui demandant comme une douce et consolante faveur la canonisation de notre sainte, si admirable pendant sa vie, et si puissante après sa mort.

Le même jour le provincial des Ermites de Saint-

Augustin adressa en ces termes une humble requête au Saint-Père :

« Rose est née dans cette contrée fertile, et ceux qui l'habitent, poussés par la profonde admiration qu'elle leur inspire, sont entraînés à la confondre avec les saints que leur patrie honore. Sa vie si courte fut grande aux yeux de Dieu par les nombreuses vertus qui l'embellirent à l'envi, et sa mort devint une source de consolation pour les affligés, qui avec confiance demandèrent son secours.

« Nous supplions donc Votre Sainteté, etc., etc. »

Le 12 juillet, l'église métropolitaine de Lima, s'adressant au vicaire de Jésus-Christ, s'exprime en ces termes :

« Il est juste que, parmi tant de témoignages de respect pour la vénérable Rose, se trouve celui de l'église métropolitaine de Lima, sa patrie. Pénétrés des mêmes sentiments et pressés du même désir, nous venons demander à Votre Sainteté la béatification de celle qui, après avoir été si admirée de tous pendant son exil sur la terre, est si digne par sa mort éclatante de tant de miracles, de porter une couronne dans le ciel, où nous serions heureux de la considérer comme notre avocate et notre patronne. »

Le cinq juillet de la même année, le père provincial des religieux de Saint-François adressa une supplique au pape Urbain VIII, demandant la canonisation de Rose, l'humble servante du Seigneur, qui avait fait partie du tiers-ordre de Saint-Dominique, dont la vie admirable et sans tache était pour ses concitoyens un modèle d'édification, et qui à sa mort avait acquis tant de droits à leur admiration par les innombrables faveurs que beaucoup d'entre eux obtinrent en implorant son secours.

L'an 1553, Léon-Antoine Pinello, sénateur des Indes, dans son récit de la vie de Turibio Alphonse, archevêque de Lima, parle en ces termes de notre sainte :

« La sœur Rose, de l'ordre de Saint-Dominique, si remarquable par son esprit de pénitence, ses oraisons et ses extases, quitta la terre couronnée de toutes les vertus. La pompe de ses funérailles et l'affluence qui s'y porta semblèrent proclamer son triomphe dans le ciel. » Le même Pinello rapporte une opinion conforme émise par Diégo de Cordoue à l'assemblée de l'Église de Lima. Il donne en outre celle de Bonaventure de Salinas, dans son histoire du Pérou.

Le cardinal Azolinès, parlant dans la congrégation des rites, dit à son tour :

« Rose de Sainte-Marie naquit à Lima, le 20 août 1586, de parents pieux, Gaspard Florès et Marie de Oliva.

« Dès l'âge de six ans, elle montra une surprenante vertu, et fit de rapides et constants progrès dans le chemin de la perfection. Cette dévouée servante de la reine du ciel en poursuivit la carrière semblable au lis parmi les épines, et avec un cœur embrasé du divin amour.

« Elle entra à l'âge de 20 ans dans l'ordre de Saint-Dominique, et coula ses jours au milieu de sa famille, en donnant l'exemple de toutes les vertus et de la plus éminente piété.

« L'oraison, les jeûnes, les plus dures macérations, le mépris du monde, la charité poussée au plus haut point, en faisaient aux yeux de tous un objet d'admiration continuel.

« Rose fut remarquable encore par le don de prophétie qui lui fut accordé, par les extases, par les faveurs signalées qu'elle reçut du ciel; et alors qu'il plut à Dieu de l'éprouver par les maladies, quels exemples de soumission et de conformité ne donna-t-elle pas?...

« Nous l'admirons plus encore s'il se peut, à son lit de mort où nous la voyons calme et résignée, se préparer avec une ardeur toute séraphique à la réception des derniers sacrements, et embrasée d'amour pour le divin Maître qu'elle possède dans son cœur, quitter enfin la terre pour aller recevoir au ciel l'éternelle récompense. »

La réputation de sainteté de l'humble Rose, ses vertus et les nombreux miracles opérés à son tombeau, engagèrent la sacrée Congrégation des rites à se réunir sous la présidence du cardinal Peretti, le 22 mars 1625, pour demander au Saint-Père de daigner autoriser une enquête dans toutes les formes, au sujet de la béatification de notre sainte. A cette supplique, se joignirent encore celles plusieurs fois répétées du roi catholique des Espagnes, d'un grand nombre de cardinaux, des Dominicains, d'autres ordres religieux, et enfin des personnages les plus distingués de la ville de Lima, qui virent avec bonheur le pape Urbain VIII agréer leur demande.

Il nous semble à propos, en terminant le récit de cette vie admirable, d'appliquer à Rose, les paroles pleines d'onction de saint Bernard, dans son sermon sur saint Malachie :

O Rose, « choisie! avec quelle abondance n'avez-vous pas été favorisée du don de piété!... Par elle, vous étiez petite à vos yeux et grande à ceux de Dieu... Par elle encore, vous avez fait de grandes choses, vous avez sauvé votre patrie... Par elle enfin, le ciel vous est ouvert, et dans ce séjour de délices ineffables, unie aux anges et aux saints, vous chantez à jamais les louanges du Très-Haut. »

RECUEIL

DES

PRINCIPAUX MIRACLES

PAR LESQUELS LE SEIGNEUR DAIGNA MANIFESTER
LA GLOIRE DE ROSE APRÈS SA MORT.

CHAPITRE I.

Ainsi que nous l'avons dit précédemment, Aloysa de Serrano fut tendrement aimée de Rose. Elle eut plusieurs visions de notre sainte, et la plus remarquable fut celle-ci :

L'auguste reine du ciel lui apparut debout devant la toute-puissance de Dieu, et tenant à la main une brillante couronne qui semblait attendre une nouvelle habitante des cieux. Non loin de là, Rose, qui venait d'abandonner la terre, s'avançait entourée du chœur des vierges, et une douce harmonie se faisait entendre. Chacune de ces vierges était couronnée et tenait une palme. Rose aussi avait la sienne, mais ne portait point encore de couronne. Aloysa attendit impatiemment de voir orner le front de sa sainte amie, mais ce fut en vain, et la vision cessa tout-à-coup. Le lendemain, Rose lui apparut de nouveau portant cette fois une éclatante couronne, et environnée du chœur des vierges, d'une multitudes d'anges et de saints, tous oyeux de son triomphe au céleste séjour.

Gonzalve, cet homme si habile en théologie, et tout à la fois si remarquable par la sublimité de ses contemplations, affirma en présence des juges apostoliques que pendant les premières semaines qui suivirent la mort de Rose, celle-ci lui apparut plusieurs fois.

Le docteur Jean de Castillo déposa, devant le tribunal lors du deuxième examen de Rose, qu'elle lui était apparue revêtue de l'habit du tiers-ordre, et environnée d'un éclat extraordinaire. La plus pure sérénité reposait sur son front; son visage brillait de splendeur et de grâces; et elle tenait un rameau parsemé de fleurs, d'où s'échappaient des rayons éclatants.

Peu de jours après la mort de notre sainte, une illustre veuve fut favorisée d'une vision. Rose lui apparut au milieu du chœur des bienheureux, et priant le Seigneur pour sa chère patrie. Lorsque la vision eut cessé, Rose lui dit :
« O ma sœur ! Dieu, dans sa bonté infinie, daignera
« m'accorder tout ce que je lui demanderai pour sa
« gloire ; et par un effet de sa miséricorde, il écoutera
« aussi mes supplications pour ceux de mes frères qui
« en réclameront le secours. »

François-Augustin de Véga, provincial de l'ordre de

Saint-Dominique, tomba gravement malade au couvent du Rosaire. Bientôt les symptômes devinrent si alarmants, que la médecine désespéra de le sauver. Alors, élevant ses regards vers notre sainte, il implora avec confiance son charitable secours.

Dans le voisinage, demeurait le nommé Christophe, qui fut favorisé de la vision suivante : Rose lui apparut, et lui enjoignit de se rendre dès le lendemain près du provincial, et d'assurer celui-ci de son retour prochain à la santé, en lui prédisant qu'il serait élevé un jour à l'épiscopat, pour travailler puissamment à la gloire de Dieu.

Après que la vision eut cessé, Christophe s'écria : « O Rose! pourquoi vous éloignez-vous? » Ces paroles éveillèrent son fils, auquel il donna tous les détails de ce qui venait de se passer ; mais ce jeune homme demeura incrédule, malgré les protestations de son père. La femme de Christophe, instruite de ce fait extraordinaire, mit tout en œuvre pour le détourner de donner publicité à une chose qui n'avait nul fondement à ses yeux. Mais il persista avec fermeté, et se rendit auprès du Père provincial, pour lui transmettre les paroles de Rose. A peine avait-il cessé de parler, que le malade fut instantanément guéri. Peu de temps après, et ainsi que notre sainte l'avait prédit, il fut élevé à la dignité épiscopale, et mourut dans un âge très-avancé après avoir travaillé longtemps à la vigne du Seigneur.

CHAPITRE II.

NOMBREUX PÉCHEURS CONVERTIS PAR L'INTERCESSION DE ROSE.

La conversion des pécheurs est l'œuvre par excellence aux yeux de Dieu.

Nicolas d'Aguerro fit paraître l'an 1617 un écrit sur la vie et la mort de Rose, sur les nombreux miracles obtenus par sa puissante intercession, et la conversion subite d'une multitude de pécheurs dont le repentir fut si sincère, qu'ils s'accusèrent publiquement de leurs fautes. Ces malheureux avouèrent que la curiosité seule les avait amenés à l'église Saint-Dominique, tandis que le corps de notre sainte y était exposé; mais qu'aussitôt qu'ils se furent approchés de cette précieuse dépouille, leur cœur se trouvant changé, ils prirent la ferme résolution de rentrer pour toujours dans le chemin de la vertu.

D'après le témoignage de Marie de Oliva devant les juges, plusieurs personnes durent leur changement spirituel à l'intercession de Rose dont elles avaient imploré le secours, alors qu'elles étaient sur le bord de l'abîme.

Il est plus difficile d'amener une âme tiède et languissante à l'étude et à la pratique de la vie parfaite, et de lui donner de la vigueur et de la persévérance, que d'obtenir des pécheurs la détestation de leurs crimes.

Plusieurs de ces derniers ne peuvent souvent se dissimuler le danger qui les menace, tandis que les autres sont pour ainsi dire endormis dans une inertie et une sécurité qui les conduit à la perte de leur âme.

———

Le père Barthélemi Martinez, prieur des Dominicains de la Madeleine, qui pendant longtemps avait dirigé Rose dans la voie spirituelle, rapporta devant les juges le trait suivant :

« Un homme dont la conscience était dans le plus déplorable état, avait su en imposer à tout le monde. Il s'approchait souvent de la table sainte, et tous ceux qui le connaissaient avaient de lui la meilleure opinion. Cependant jamais l'accusation de ses fautes n'avaient été sincère, et chaque fois que sa bouche sacrilège avait reçu la sainte communion un nouveau crime pesait sur lui. Néanmoins, des remords secrets habitaient au fond de son cœur, et la grâce le touchant enfin il s'approcha des précieux restes de Rose en implorant son secours. A peine fut-il agenouillé, que s'éveillant comme d'une profonde léthargie, il sentit pénétrer dans son âme ce souffle intérieur et divin auquel rien ne peut résister. Tout en frémissant d'horreur à la vue du labyrinthe horrible où il s'égarait sans cesse, un rayon d'espérance lui laissait entrevoir la possibilité de son pardon ; et dans cet état difficile à exprimer, il alla se jeter aux pieds de son confesseur, et lui fit connaître les horribles mystères de son cœur coupable, en versant un déluge de larmes. Dès lors, son changement fut sincère ; et la crainte de Dieu remplit tellement son âme, que la faute la plus légère se présentant à ses yeux sous des couleurs effrayantes, il se hâtait d'en obtenir l'absolution au tribunal de la pénitence.

Le Père Antoine de Véga, de la Compagnie de Jésus, pensait que l'un des arguments les plus forts en faveur de la sainteté de Rose était le nombre infini de conversions obtenues par son intercession. Il rapporte deux circonstances qui l'avaient particulièrement frappé.

1° Dans les premiers jours qui suivirent la mort de notre sainte, il y eut un nombre si grand de ces conversions, qu'il se vendit publiquement à Lima des cilices, des ceintures de fer et des disciplines, et ces instruments de pénitence furent si promptement enlevés, que les marchands en manquèrent pour satisfaire aux pieux désirs des acheteurs.

2° Deux femmes qui jusqu'alors n'avaient été que trop connues par leur vie coupable, implorèrent le secours de Rose, qui ne leur fit pas défaut, puisque s'éloignant de la voie du crime, elles rentrèrent dans celle de la vertu, pour y persévérer toujours à l'admiration de ceux qui avaient déploré leurs égarements.

Il serait impossible de donner le chiffre exact des conversions obtenues par les prières de cette admirarable servante de Dieu. Nous nous bornerons à dire que dans la ville de Lima et aussi dans toutes les parties du Pérou, un changement extraordinaire se fit remarquer : les confessionnaux étaient assiégés, les femmes mondaines quittaient leurs vaines parures, et dans les couvents même les réformes les plus salutaires s'établissaient. Enfin, le père Martinez, si renommé par sa piété, son savoir et ses vertus, déclara devant les juges que depuis la découverte du Pérou, jamais prédicateur n'avait agi plus puissamment sur les cœurs pour les porter à l'amour de Dieu et à la pratique de la vertu et des plus rigoureuses pénitences.

Adressons-nous donc à une sainte dont l'intercession près du Seigneur a produit tant de merveilles.

Le Père Villalobos, jésuite, déclara devant le tribunal que s'étant trouvé près de Rose à sa dernière heure, il l'avait priée de lui obtenir une grâce, et que peu de jours après qu'elle eut quitté la terre, cette faveur lui avait été accordée.

François de Colonna avait pour tante Marie de Tuara, et celle-ci éprouvait un tel éloignement pour sa famille, qu'elle l'avait déshéritée dans son testament. François, au contraire, plein d'attachement pour ses parents, s'efforçait de soulager leur malheur. Une affaire importante nécessitant son départ de Lima, il songea à la détresse dans laquelle ils allaient se trouver pendant son absence et recommanda leur triste sort à Rose. L'effet de sa prière ne se fit point attendre ; car dès le lendemain, Marie de Tuara, naguère si hostile, se montra toute différente ; et ceux que d'abord elle avait repoussés, lui durent plus tard un tribut de reconnaissance.

Dioscorides a dit que les roses avaient la propriété de réconcilier les cœurs désunis, notre sainte justifiait bien à cet égard le nom qu'elle portait.

———

Plusieurs personnes en relation avec Gonzalve et auxquelles notre sainte avait promis le secours de ses prières reçurent après sa mort les grâces les plus signalées.

———

Rose prédit au père spirituel de Louise Barba, que celle-ci entrerait un jour dans l'ordre des Dominicaines. L'eclésiastique ayant rapporté ces paroles à Louise, elle en parut très-peinée, car la pensée seule de prendre cet habit la glaçait d'effroi. Quelque temps après, arriva la mort de notre sainte, et les dispositions de Louise changeant tout-à-coup, elle s'écria comme saint Paul :

« Seigneur, que voulez-vous que je fasse ? Puis après s'être agenouillée au tombeau de Rose et avoir imploré son intercession, elle sentit son cœur complètement changé. Autant elle avait eut de répulsion pour l'état religieux, autant alors elle s'y sentait portée. Elle demanda donc le consentement à son guide spirituel, et l'ayant obtenu, sa vie s'écoula avec bonheur parmi les Dominicaines, sous le nom de Louise de Sainte-Marie.

———

Louise de Mendoza, femme du peintre Gonzalès, hésitait à croire aux mérites remarquables de Rose ; et tandis qu'elle se demandait à elle-même comment, à peine âgée de trente-deux ans, cette servante du Seigneur avait pu déjà parvenir à un si haut degré de perfection, son esprit fut instantanément éclairé, et elle joignit sa voix à celles qui de toutes parts rendaient à notre sainte un tribut de louanges.

CHAPITRE III.

PAR L'INTERCESSION DE ROSE, PLUSIEURS MORTS RESSUSCITENT ET UN GRAND NOMBRE DE MALADES SONT GUÉRIS.

Grégoire Torrès, laboureur, et Jeanne Michel, sa femme, habitaient l'un des faubourgs de Lima, où ils vivaient péniblement de leur travail, lorsque leur jeune enfant, nommée Madeleine, tomba gravement malade. Ni les secours de l'art, ni la tendre sollicitude de ses parents, ne purent la sauver, et sa mère eut la douleur de la voir expirer sur ses genoux.

Comme on songeait le lendemain à lui rendre les derniers devoirs, et que déjà la couronne de fleurs qui devait orner sa modeste tombe était préparée, Jeanne se ressouvint qu'elle possédait un morceau de la robe de Rose et un petit rameau de genêt sur lequel notre sainte avait autrefois reposé. Le cœur plein de confiance, elle se saisit de ces objets, et les fit brûler auprès du lit de Madeleine, qui aussitôt ouvrit les yeux, que sa mère avait fermés avec tant de larmes la veille. La voyant donner quelques signes de vie, Jeanne lui fit avaler un peu d'eau mélangée de terre recueillie sur le tombeau de Rose. A l'instant même, cette enfant chérie recouvra la plus parfaite santé.

Comblés de joie, ses parents se prosternèrent devant Dieu en lui offrant les plus vives actions de grâces pour un si grand bienfait.

L'an 1631, Antoine Bran, serviteur de Jeanne Baretta, fut atteint d'une maladie qui dura plusieurs mois, et à laquelle les médecins ne purent apporter aucun adoucissement.

Une nuit donc, que sa femme veillait tristement près de lui avec l'un de ses parents, il expira dans leurs bras. Cette épouse désespérée, courut apprendre son malheur à sa maîtresse, qui se rendit avec sa sœur près d'Antoine, qu'elles trouvèrent immobile et glacé. « Seigneur, s'écria-t-elle douloureusement, il vous a plu d'appeler à vous mon fidèle serviteur, que votre saint nom soit béni. » Puis, apercevant une image de Rose suspendue à la tête du lit, elle la détacha, et après l'avoir posée avec confiance sur le cœur d'Antoine, elle se jeta à genoux ainsi que les autres personnes présentes, demandant à cette grande sainte d'obtenir de Dieu le retour à la vie de celui qu'elles pleuraient. Peu d'instants après, Antoine poussa un profond soupir, et recouvrant alors la plus parfaite santé, il se rendit au tombeau de Rose pour remercier Dieu de la grâce qu'il avait daigné lui accorder par son intercession.

Elisabeth Duran, veuve de Jean Carlos, avait un bras frappé de paralysie dont elle souffrait cruellement. Pleine de confiance dans le pouvoir de Rose devant Dieu, elle désira se rendre à l'église Saint-Dominique pour implorer le secours de notre sainte, et ses filles l'aidèrent à percer la foule immense qui s'y pressait. A peine eut-elle posé son bras sur le corps de Rose qui y était exposé, qu'elle s'écria : « Je ne souffre plus, « mon bras est rendu à la vie. » Puis, elle le fit agir avec facilité. Melchior Amusgo, son médecin, qui avait jusque là vainement combattu contre ce mal, déclara qu'une semblable guérison ne pouvait être que l'effet d'un miracle.

Diego Agalas, nègre, affligé d'une paralysie sur le bras droit, vint aussi implorer le puissant secours de Rose, et en reçut la même faveur à l'admiration de tous les assistants.

Lors d'une guerre contre les infidèles, Georges d'Aranda Valdivia reçut une blessure au bras qui fut négligée dans le principe. Plus tard, il abandonna la carrière des armes pour entrer dans les ordres. A cette même époque sa blessure se rouvrit, et les mouvements de son bras devinrent si difficiles, qu'il fallait le soutenir lorsqu'au sacrifice de la messe il élevait la sainte hostie. Plein de confiance dans le secours de Rose, il se rendit avec son frère le jour de ses funérailles à son tombeau. Il y était en prière depuis quelques instants, quand une sueur abondante inondant son bras, celui-ci recouvra aussitôt la plus parfaite agilité. Rempli de joie, il courut à la chapelle du Rosaire, exprimant à haute voix sa reconnaissance. Barthélemi Tauro, tabellion du roi, et plusieurs personnes qui étaient présentes, s'approchèrent de Georges et après avoir considéré son bras, et s'être fait rendre un compte exact de cette guérison, ils s'empressèrent de consigner ce fait extraordinaire.

Il y avait à Lima un pauvre, nommé Alphonse Dias, dont l'état d'infirmité était tel, qu'il se traînait péniblement à terre en demandant l'aumône. Il se rendit avec des efforts inouïs au tombeau de Rose, le jour même de son inhumation, et y demeura longtemps en prière sans se douter que ce bienfait qu'il venait solliciter lui fut accordé. L'heure étant venue de fermer les portes, le gardien chargé de ce soin, vint prévenir Alphonse qu'il était temps de se retirer, et s'apercevant de son état d'infirmité, il le prit dans ses bras et le mit debout. Ce ne fut qu'alors que le pauvre impotent reconnut qu'il était guéri. Hors de lui-même, il s'écria en versant les plus douces larmes : « Dieu soit béni, je « suis guéri; que Dieu soit loué dans tous ses saints. » Puis, il se hâta de se rendre à l'église Saint-Dominique, où tous ceux qui avaient connu sa cruelle position joignirent leurs actions de grâces aux siennes.

Tandis que le corps de notre sainte était exposé à l'église Saint-Dominique, l'on apporta près du catalfalque un malheureux enfant de douze ans, perclus de tous ses membres. Celui-ci, presqu'aussitôt parfaitement guéri, s'écria que Rose était sa libératrice, et se rendit pendant huit jours à son tombeau pour lui témoigner sa profonde reconnaissance.

Un fait semblable se produisit dans une autre ciconstance. Un jeune enfant nègre, affligé du même mal, se traînait avec des béquilles à la cour capitulaire, où après être demeuré en prières pendant deux heures, il se releva si parfaitement guéri, qu'il courait et sautait avec une agilité extrême. A la vue de ce miracle, les assistants poussèrent des cris de joie ; et les religieux dominicains étant survenus, conduisirent l'enfant à l'église, où fut chanté une hymne d'actions de grâces.

———

François Fernando, petit-fils de la veuve Jeanne de Castillo, était tout à la fois en proie à des palpitations de cœur, et à des attaques de catalepsie. Après avoir vainement employé tous les secours de l'art, Jeanne le porta sur le tombeau de Rose, où peu d'instants après la santé lui fut rendue.

———

Depuis cinq ans, la petite-fille de Pierre de Véga était atteinte d'une fièvre continue, dont l'influence avait aigri son caractère naturellement très-doux. On la posa sur les planches qui avaient soutenu le cercueil de Rose dans l'église Saint-Dominique, et aussitôt cette enfant recouvra et sa santé et sa douceur primitive.

———

Un enfant, nommé François Cardoso, fut guéri d'une fièvre qui le consumait depuis trois mois par le contact des précieux restes de Rose.

———

Un petit enfant âgé de neuf mois marcha instantanément par l'intercession de Rose.

———

Pierre de Véga, ayant eu l'épaule démise à la suite d'une chute, était dans l'impossibilité de se servir de son bras. Une nuit, qu'il souffrait les plus cruelles douleurs, il se rappela qu'il possédait un chapelet qui avait touché le corps de Rose, et le posant avec confiance sur son bras malade, il s'endormit aussitôt paisiblement, et le lendemain à son réveil il fut complétement guéri.

———

Le même Pierre de Véga, en implorant le secours de Rose pour obtenir la délivrance d'une douleur sciatique portée au plus haut degré, expérimenta une fois encore l'action bienfaisante de ce chapelet précieux, et recouvra la santé.

———

Le Père Dominique de Léon, de l'ordre de Saint-Dominique, s'était embarqué, emmenant avec lui un jeune domestique nommé Jean. Ce dernier fut atteint d'une fièvre quarte que le mouvement de la mer aggrava encore, et qui prit un tel caractère d'intensité, que le croyant à ses derniers moments, on alla chercher le Père Dominique pour lui administrer les sacrements. Plein de sollicitude, ce dernier se rendit près du malheureux jeune homme, qu'il trouva pâle, immobile, et sans connaissance. Il lui parla à plusieurs reprises, sans pouvoir en obtenir le moindre signe de vie; et mettant alors toute sa confiance dans la puissante intercession de Rose près de Dieu, il lui demanda de lui obtenir la guérison de son serviteur, promettant de faire une neuvaine en action de grâces. Tout-à-coup le malade fut rendu à la plus parfaite santé, en présence du père Agnello de Oliva, jésuite, du père Laurent Téxéda, de l'ordre de Saint-François, et de tous les passagers, qui ne savaient comment exprimer leur surprise et leur admiration à la vue d'une guérison si subite et si complète.

Une femme nommée Béatrix était affligée depuis quatre ans d'une humeur sur les yeux, à laquelle tous les efforts de l'art avaient été jusque là plutôt préjudiciables. Les restes mortels de Rose n'avaient point encore quitté la maison de Gonzalve, et l'infortunée, se traînant péniblement près du cercueil de notre sainte, le toucha avec confiance, et fut radicalement guérie.

Dans l'année qui suivit la mort de Rose, le Frère Jean, de l'ordre de Saint-Dominique, fut poursuivi par un taureau furieux. Se voyant en face d'un péril imminent, il se recommanda à la bienheureuse, et comme il prononçait son nom, le féroce animal, qui n'était plus éloigné de lui que de quinze pas, s'arrêta subitement.

Le Frère Diego, de l'ordre de Saint-Dominique, était consumé par une fièvre quarte très-rebelle. Le médecin ayant perdu tout espoir de le sauver, annonça à ceux qui l'entouraient qu'il ne fallait point tarder à lui administrer les derniers sacrements. Le Père provincial Gabriel Zarata, se rendant près du malade, l'avertit du danger qui le menaçait; mais Diego ne s'alarma nullement de ces paroles. Il était au contraire plein de confiance, ayant demandé à Dieu sa guérison par l'intercession de Rose, en faisant un vœu. En effet, sa prière fut écoutée, et la santé lui fut rendue.

Une femme d'un âge très-avancé, nommée Isidore de Montalvo, atteinte depuis huit mois d'une fièvre quarte, fut radicalement guérie par le secours de notre sainte et poursuivit encore une longue carrière.

Joséphine de Torrès fut conduite aux portes du tombeau par une fièvre violente. Immobile et sans parole, les pulsations de son pouls étaient devenues presque insensibles. Ses serviteurs et ceux qui l'entouraient, effrayés de son état, implorèrent la protection de Rose, demandant pour cette infortunée assez de connaissance et de force pour se confesser avant de mourir. L'effet de cette prière dépassa leur attente, puisque la malade recevant deux grâces par l'intermédiaire de notre sainte, recouvra en même temps et la santé de l'âme et celle du corps.

Une jeune Indienne, nommée Marie, servait dans le monastère de l'Incarnation à Lima. Atteinte de vives douleurs d'estomac, accompagnées de spasmes et de convulsions, elle était condamnée des médecins, et se disposait à paraître devant Dieu. Au moment de lui administrer l'extrême-onction, le ministre du Seigneur l'engagea à invoquer notre sainte, ce qu'elle fit avec confiance. Bientôt, un mieux sensible se manifesta, et peu de jours après, complètement guérie, elle put reprendre le cours de ses travaux habituels.

Un ouvrier, nommé Antoine d'Umbella, était affligé d'une paralysie au bras gauche, contre laquelle toutes tentatives de guérison avaient échoué. Instruit des prodiges qui s'opéraient chaque jour au tombeau de Rose, il s'y rendaient le cœur plein d'espoir, et ayant posé son bras sur ledit tombeau, il reconnut avec bonheur qu'il était délivré de son infirmité.

Marie Sanchez avait perdu l'usage de ses jambes par suite d'une chute. Elle gardait tristement le lit depuis huit mois, et jusqu'alors tous les efforts tentés pour la guérir avaient été vains. Sa famille commença une neuvaine pendant laquelle cette pauvre enfant fut portée au tombeau de notre sainte, et lorsqu'elle atteignit son terme, la malade se levant entièrement guérie, alla se jeter dans les bras de ses parents. Ceux-ci, transportés de joie, se rendirent à l'église Saint-Dominique, précédés gaiement de Marie, à laquelle dès lors il ne resta plus la moindre trace de son mal.

L'an 1617, Marie Farsen, jeune enfant de trois ans, tomba gravement malade, et fut bientôt à l'extrémité par suite de l'emploi d'un médicament contraire. Peu de jours auparavant, Rose avait quitté la terre et la mère de cette enfant la porta à l'église Saint-Dominique, où elle lui fit toucher la dépouille mortelle de notre sainte, qui y était exposée. Aussitôt une amélioration sensible se fit remarquer, et fut suivie de la plus parfaite guérison.

Agnès Figuéroa, ancienne amie de Rose, fut atteinte de la cruelle maladie de la pierre qui mit bientôt ses jours en danger. Son mari la conduisit au tombeau de notre sainte, où elle fut à l'instant même délivrée d'une pierre énorme, sans ressentir la moindre douleur. Les médecins déclarèrent ce fait entièrement miraculeux.

Un ouvrier, nommé Louis Rodriguez, était affligé depuis deux mois de douleurs nerveuses portées à un si haut point, que le moindre mouvement lui était impossible. Les médecins déploraient que les modestes ressources de ce malheureux ne lui permissent pas de faire usage d'un médicament qu'ils croyaient seul capable d'amener sa guérison. La mère du pauvre Louis pleurait à cette pensée, lorsque la veuve Jeanne de Vargas l'engagea à faire une neuvaine à Rose de Lima. Dès le lendemain, cette mère désolée la commença, et à son retour de l'église elle trouva son fils levé, et marchant dans sa chambre. Elle continua ses prières avec confiance, et le neuvième jour, le malade revenu à une parfaite santé se hâta de se rendre au tombeau de Rose pour lui exprimer sa reconnaissance de la grâce qu'elle lui avait obtenue.

Isabelle de Moralès se trouvant dans les douleurs de l'enfantement fut condamnée par les médecins. Elle fit demander son confesseur, qui l'engagea à invoquer Rose avec confiance. Elle s'adressa donc à notre sainte, et fut aussitôt heureusement délivrée. Un grand nombre de femmes dans la même position reçurent une grâce semblable.

Christophe Pérez fut entraîné par un éboulement au fond d'un précipice dans lequel son cheval, faisant des efforts inouis pour se relever, pouvait à chaque instant lui donner la mort. Sa femme au désespoir sur le bord de cet abîme, déplorait avec ses serviteurs la cruelle impossibilité de le secourir, lorsque la première se jetant à genoux supplia Rose de lui venir en aide. Au même instant, le cheval se dégagea sans faire le moindre mal à son maître, qui dut à la protection de notre sainte de sortir sain et sauf de ce précipice.

CHAPITRE IV.

GRAND NOMBRE DE GUÉRISONS MIRACULEUSES OPÉRÉES PAR LES VÊTEMENTS DE ROSE.

Eléonore de Ruis de Sandoza éprouvait de vives douleurs de tête. Elle invoqua Rose avec confiance, en posant sur son front un morceau de la robe de notre sainte, et se rendit armée de ce casque puissant près du catafalque qui avait servi à la bienheureuse. Dès son arrivée à l'église, elle fut guérie.

Philippine de Vargas souffrait des douleurs semblables auxquelles se joignait une fièvre violente. Ayant de même posé sur sa tête un morceau du vêtement de Rose, elle s'endormit, puis recouvra la santé à son réveil.

Lucca, supérieure du monastère de Sainte-Catherine, fut guérie d'un écoulement d'humeur à la tête qui lui causait de grandes souffrances, en posant sur son front un morceau de la frange qui avait orné la robe de Rose.

Par le même moyen, elle se vit délivrée aussi de crispations d'estomac qui mettaient ses jours en danger.

Marie de Saint-Joseph, religieuse, fit une chute par suite de laquelle ses yeux étaient dans l'impossibilité de se mouvoir sans qu'il en résultât pour elle de vives douleurs. Elle prit un morceau de la robe de Rose en disant : « Et moi aussi, je ferai l'expérience de sa sainteté. » Et elle fut complétement guérie.

Une jeune fille, nommée Lucie Montoya, était menacée de perdre la vue. Une humeur portée sur ses yeux l'empêchait de fixer la lumière, et elle éprouvait en outre de fortes douleurs de tête. Cette infortunée s'adressa à Rose en posant sur ses maux un morceau de la robe de la bienheureuse. Elle obtint la même grâce que les précédentes et ses souffrances disparurent.

Isabelle de Mendoza avait une petite fille de trois ans menacée de cécité. Déjà l'un de ses yeux était totalement perdu, lorsque ses compagnes eurent la pensée de la recommander à Rose, et appliquèrent sur ses yeux un fragment de la robe de notre sainte. Le lendemain, la guérison de cette enfant était si complète, qu'elle se plaisait à fixer le soleil.

Jeanne de Velasco, en proie à une violente douleur de dent, posa sur sa joue un morceau du voile de Rose, puis elle s'endormit paisiblement. Dès le jour suivant, son mal avait entièrement disparu.

La veuve Louise de Faxardo avait perdu plusieurs enfants atteints de la terrible maladie de l'épilepsie ;

et elle craignait à tout instant de voir périr encore son dernier fils, attaqué du même mal. Un jour que, privé de connaissance, et sans parole, il se frappait la tête contre le plancher, l'infortunée Louise supplia notre sainte de lui être secourable, en posant sur le cœur de son fils un scapulaire qui lui avait appartenu. Aussitôt l'enfant se calma, et peu après, la santé la plus parfaite lui fut rendue.

Sept ans après la mort de notre sainte, une religieuse de Sainte-Claire, nommée Aloyza était affligée de tumeurs horribles au visage contre lesquelles tout secours de l'art était impuissant, l'abbesse du couvent qui avait en sa possession un morceau de la robe de Rose, l'appliqua sur le mal d'Aloysa, qui dès le lendemain jouissait de la meilleure santé.

La même Aloysa fut dans une autre circonstance guérie par le même moyen d'un mal d'estomac accompagné de fièvre qui faisait craindre pour sa vie.

Marie de Jésus, carmélite, fut guérie de la même façon d'un érésipèle, auquel se joignait une fièvre violente.

Lorsque la bienheureuse Rose mourut, Jeanne Rodriguez Samanès était atteinte depuis trois ans d'un asthme qui lui causait de vives douleurs. Marie de Mesta possédant des reliques de notre sainte dont elle avait apprécié l'effet merveilleux sur l'un de ses serviteurs gravement malade, reconnut une fois encore l'efficacité de ces reliques ; car après les avoir appliquées sur le cœur de la malheureuse Jeanne, celle-ci s'endormit aussitôt, puis recouvra en s'éveillant une parfaite santé.

Marie de Mesta, femme du peintre Angelini, fut instantanément guérie de douleurs aiguës à la tête causées par un écoulement d'humeur, en posant avec confiance sur son front un morceau du vêtement de Rose.

Une femme, qui depuis quinze jours souffrait des douleurs intolérables à la jambe, eut recours à la même relique, et s'étant profondément endormie, elle n'éprouva plus aucun mal à son réveil.

Une dame Indienne était en proie à de si cruelles souffrances, qu'il lui était impossible de faire un pas sans le secours de ses serviteurs. Elle entreprit à grands frais le voyage de Lima, dans l'espoir d'y rencontrer des médécins plus habiles. Il y avait un mois à peine que Rose n'existait plus, et la malade instruite par la voix publique de sa haute sainteté, ainsi que des nombreux miracles qui s'opéraient chaque jour à son tombeau, concevant l'espérance d'éprouver aussi elle-même l'effet de sa protection, demanda comme une grâce quelques-unes des reliques de notre sainte. On lui apporta des feuilles du rameau qui avait été mis entre ses mains alors qu'elle était exposée dans son cercueil, puis des fragments de son scapulaire, un morceau de son voile, et enfin de la terre recueillie sur son tombeau. La malade réunit ces objets précieux et en fit un petit sachet qu'elle attacha sur son cœur. Aussitôt, éprouvant dans toute sa personne un calme rafraîchissant, elle s'endormit tranquillement. Dès le lendemain matin elle recouvra ses forces et conservant encore ces reliques si salutaires, elle en reçut un nouveau bienfait deux jours plus tard, puisqu'à la grande surprise de ceux qui avaient été les tristes témoins de ses horribles souffrances, elle se leva, et se rendit à l'église Saint-Dominique pour remercier Dieu de la grâce qu'il avait daigné lui accorder par l'intercession de la bienheureuse Rose.

Peu de temps après, remplie de reconnaissance et de joie, elle reprit le chemin de sa patrie dans le plus parfait état de santé.

Marie de Moralès, atteinte de douleurs articulaires, avait épuisé les ressources de la médecine, lorsqu'on lui procura un morceau du vêtement de Rose, qu'elle appliqua sur elle avec confiance, et dont elle éprouva l'effet salutaire, puisqu'aussitôt ses douleurs disparurent.

Andréa de la Massa, femme d'Alphonse Bravi, était en proie à une esquinancie, accompagnée de fièvre, et ne pouvait jouir un instant du plus léger sommeil. Confiante en la protection de notre sainte, cette affligée posa sur son cou un fragment de peau dont Rose s'était un jour servie pour guérir le bras d'un malade, et elle en reçut à son tour le bienfait d'une guérison complète.

Diégo Requena avait un fils qui était atteint de douleurs violentes à la tête, dont la fièvre augmentait encore la gravité. Ses parents posèrent sur son front une ceinture que Rose avait autrefois portée, et au même moment la santé lui fut rendue.

Don Antoine de Contrevas, gouverneur de Guaïlas. habitait Jangai avec sa femme, Blanche de Zunico. Celle-ci étant sur le point de devenir mère, l'enfant qu'elle portait mourut dans son sein, et cette infortunée, après avoir passé quinze jours dans les plus cruelles souffrances, dut se préparer à paraître devant Dieu. Antoine, se ressouvenant alors qu'il avait rapporté de Lima des reliques de Rose, engagea sa malheureuse épouse à recourir à ce puissant moyen de guérison en invoquant notre sainte, et Blanche fut à l'instant même heureusement délivrée.

Une grâce semblable fut une seconde fois accordée à Blanche dans une circonstance analogue.

Basile de Vergas, négociant de Séville, tomba gravement malade pendant un voyage, et les médecins avaient perdu tout espoir de le sauver. Sa femme posa sur son front un morceau de laine ayant appartenu à Rose, et il fut instantanément guéri.

Diégo de Burguinas, affligé d'un mal de gorge très-intense auquel se joignait la plus pénible oppression, demanda à Basile de Vergas cette même relique, qu'il posa sur son mal ; après avoir invoqué Rose avec confiance il s'endormit profondément. Le lendemain il jouissait de la plus parfaite santé.

CHAPITRE V.

LA TERRE RECUEILLIE SUR LE TOMBEAU DE ROSE PRODUIT UN GRAND NOMBRE DE GUÉRISONS MIRACULEUSES.

Le nombre des religieux du saint Rosaire à Lima s'étant fort accru, leur cimetière devint bientôt insuffisant, et on imagina de faire venir des plages de Panama une espèce de terre molle et friable qui avait la propriété de dissoudre les corps en très-peu de temps. Ainsi que nous l'avons dit, celui de Rose fut inhumé dans ce même cimetière, et par un prodige inouï, à la place où les précieux restes de notre sainte furent déposés, cette terre changea de nature, et acquit une telle dureté, que l'on ne pouvait en extraire la moindre partie sans le secours d'un instrument en fer. Cette terre renfermait une vertu cachée qui devint une source inépuisable de bienfaits. Mais revenons aux guérisons miraculeuses qu'elle produisit.

Rose avait à son service une jeune négresse âgée de dix ans. Marie de Oliva déplorait souvent l'excessive délicatesse de cette enfant, qui semblait devoir la rendre par la suite tout-à-fait inhabile à tout travail. Mais notre sainte prédit qu'elle se fortifierait un jour et jouirait d'une parfaite santé. En effet, après la mort de

Rose, la jeune fille étant tombée gravement malade, on lui fit boire de l'eau mêlée avec de la terre du tombeau de la bienheureuse; et à dater de ce moment son tempérament changea totalement, et elle se porta à merveille.

Joseph de Zarate, âgé de six ans était en proie à une esquinancie si violente, que le médecin déclara que déjà la cangrène était établie, et qu'il ne fallait pas espérer le sauver. Ses parents désolés délayèrent de la terre du tombeau de Rose, et lui en firent avaler un peu. Au même instant le mal disparut entièrement, et l'enfant demanda à manger. Transportée de joie, la famille fit une neuvaine en action de grâces.

La sœur Raphaël du couvent de Sainte-Claire, était atteinte du même mal accompagné d'une fièvre violente. Déjà les médecins, perdant tout espoir de guérison, avaient ordonné de la transporter dans une chambre particulière, où elle pût se préparer plus librement à recevoir les derniers sacrements, lorsque la malade demanda à sa garde de lui donner à boire de l'eau dans laquelle il y eut un peu de terre provenant du tombeau de Rose. A peine l'eut-elle avalée que le mal disparut entièrement.

Anna Cortès avait depuis deux mois une pleurésie, et les médecins considéraient les taches livides répandues sur tout son corps comme le plus sinistre pronostic, et il ne lui était plus possible de goûter le moindre repos. On ne pouvait donc se dissimuler que la mort s'avançait à grands pas. Dans leur douleur extrême, la mère et la sœur de cette enfant s'adressèrent à Rose avec confiance. La première délaya de cette terre merveilleuse dans un peu d'eau, et s'agenouillant avec sa fille, elles récitèrent avec ferveur un *Pater* et un *Ave*; puis, s'approchant de la petite malade, elles s'efforcèrent de lui faire avaler ce breuvage. Anna s'endormit bientôt, et s'éveilla complètement guérie.

Etienne de Cabrera s'était fracturé une côte et souffrait de la manière la plus cruelle. Les personnes qui le soignaient implorèrent le secours de Rose, et posèrent sur le côté du malade un peu de cette terre bienfaisante. Etienne s'endormit aussitôt, et à son réveil, il jouissait de la plus parfaite santé.

Catherine de Sainte-Marie, du tiers-ordre de Saint-Dominique, était accablée de maux bien cruels. Une goutte sciatique, une affection au cœur, une inflammation d'entrailles et des douleurs de tête horribles, en faisaient un objet digne de pitié. A toutes ces souffrances elle joignait une tristesse qui la minait. Trois jours seulement s'étaient écoulés depuis l'inhumation de Rose, lorsque l'infortunée malade fit un effort suprême pour se rendre au tombeau de notre sainte, et après avoir imploré son secours en versant un déluge de pleurs, elle but un peu d'eau dans laquelle avait été délayée de la terre de ce tombeau. Aussitôt, sa tristesse disparut, et elle sentit renaître le calme et la confiance dans son cœur brisé. Bientôt aussi tous ses maux cessèrent, et elle retourna entièrement guérie auprès de ses ferventes compagnes.

Isabelle de Péralta, professe au couvent de l'Incarnation à Lima, et malade depuis vingt-sept ans, ressentit le même effet de cette terre bienfaisante.

Béatrix de Montoya, religieuse dans le même couvent et abandonnée par la médecine, demanda les secours de la religion, et au moment où ceux qui l'entouraient tristement avaient perdu tout espoir, elle fut instantanément guérie par le même moyen.

Maurillo Rodriguez, confesseur au même couvent, avait épuisé tous les secours de l'art pour un mal de tête que rien ne pouvait adoucir. Il recourut à Rose, et après s'être frotté le front avec cette terre merveilleuse, il fut radicalement guéri.

L'an 1631, il y avait au couvent de l'Incarnation une servante négresse atteinte d'une esquinancie à laquelle aucune prescription médicale n'avait pu être salutaire. Son mal empirant chaque jour, elle fut bientôt en danger de mort. La pauvre malade se prépara donc à paraître devant Dieu. Dans ce moment suprême, son confesseur l'engageant à implorer le secours de notre sainte, on lui fit avaler quelque peu d'eau mélangée avec de la terre de son tombeau, et à l'instant même elle fut guérie.

Dans la même année, les Frères Antoine de Montoya et Jean Estrada furent envoyés par leur ordre à Guamanga. Chemin faisant, ils rencontrèrent un homme qui supposant qu'ils étaient prêtres, leur demanda de venir assister une pauvre malade à ses derniers moments. Les frères exprimèrent à cet inconnu leurs regrets de ne pouvoir lui rendre le service qu'il réclamait d'eux. Ils le suivirent néanmoins chez la malade, voulant s'acquitter près de cette dernière de la triste mission de lui lire les prières des agonisants. Ils la trouvèrent à toute extrémité et entourée de sa famille au désespoir. Le frère Antoine, songeant alors qu'il portait sur lui de la terre recueillie au tombeau de Rose, exposa en peu de mots aux assistants et la puissance de cette sainte auprès de Dieu, et aussi les prodiges extraordinaires qui s'étaient opérés par son intercession. Il les engagea à se confier en elle, puis fit prendre à la pauvre mourante un peu de cette terre délayée dans de l'eau, et se retira ainsi que son compagnon, en recommandant à la famille éplorée d'invoquer Rose. Deux heures plus tard, de retour près de la malade, l'aspect de cette maison si désolée avait changé complétement, la joie y avait succédé aux larmes, et celle qu'ils avaient laissée dans un état désespéré était assise sur son lit et mangeait gaiement. S'adressant alors aux frères, elle leur dit avec transport que Rose était sa libératrice et qu'elle lui devait la vie.

Diégo de Moreno Castillo souffrait cruellement d'une plaie à la tête, et dans l'espoir de rencontrer des médecins plus habiles, il se rendit à Lima où il fut traité pendant six mois à l'hôpital Saint-André sans éprouver la moindre amélioration dans son état. Ayant entendu parler des nombreux miracles opérés au tombeau de Rose, il s'y rendit, et après avoir prié avec ferveur, il enleva les bandes qui entouraient sa tête et répandit de cette terre bienfaisante sur son mal. Il ressentit au moment même un mieux sensible, et deux jours plus tard la plaie était entièrement guérie.

L'abbesse de Sainte-Claire en buvant de l'eau mêlée avec de la terre du tombeau de notre sainte, avait été guérie d'une plaie à la jambe. Il lui était resté (et sans doute pour qu'elle eût toujours présent le souvenir de ce bienfait) quelques taches noires à la jambe. Le médecin tenta de les faire disparaître, mais aussitôt le mal reparut avec toute son intensité. La malade comprit alors que Rose seule avait été l'instrument de sa guérison, elle s'empressa de recourir au moyen dont elle s'était servi avec tant d'efficacité, et fut une seconde fois rendue à la plus parfaite santé.

Un soldat blessé à la jambe reçut le même bienfait de la terre puissante du tombeau de notre sainte.

Alphonse Cortès, âgé de trois ans, était d'une si grande faiblesse qu'il ne marchait point encore. Françoise de Léon, sa mère, le porta au tombeau de notre sainte, et après avoir prié avec confiance, elle lui frotta les jambes avec cette terre, puis elle le reporta dans son berceau. Le lendemain Alphonse se leva parfaitement guéri et marchant librement. Il ne se ressentit jamais de cette faiblesse.

Pendant plusieurs années Isabelle de Péralta eut un humeur dans la tête qui lui causait des douleurs horribles dans la mâchoire, et les médecins avaient perdu tout espoir de guérison. D'après l'avis de son confesseur, elle mit de cette terre dans sa bouche et ses douleurs disparurent pour toujours.

Jeanne d'Ulloa, novice au couvent de l'Incarnation, éprouvait un vif chagrin : le moment de prononcer ses vœux approchait, et son père se refusait à lui donner son consentement. Dans sa douleur, Jeanne se tourna vers Rose, et après l'avoir implorée avec confiance, elle écrivit de nouveau à son père, et renferma quelques grains de cette terre dans sa lettre. Son espérance ne fut pas trompée, et elle reçut et sa dot et le consentement si désirés.

Reconnaissant notre impossibilité de parler en détail de toutes les personnes qui durent leurs guérisons à la bienfaisante terre du tombeau de Rose, nous n'en dirons désormais que quelques mots :

Joseph de Castro fut guéri en buvant de l'eau dans laquelle on avait délayé de cette terre. Il en fut de même de Pierre de Vargas, de Jeanne de Mendoza, sa femme, de sa fille, de Diégo de Polomino, de Jean de Palmonar et de sa femme, d'un enfant nommé Ascensius, de Béatrix de Zuniga, d'Antoine de Umblea, de la nommée Catherine; un ecclésiastique nommé Jean Lobo déclara en présence des juges qu'il avait connu un nombre infini de personnes de différents pays qui obtinrent la délivrance de toutes sortes de maux, en buvant de l'eau dans laquelle était mêlée de la terre recueillie sur le tombeau de notre sainte.

CHAPITRE VI.

PAR LE CONTACT DES IMAGES DE ROSE UNE MULTITUDE DE MAUX DISPARAISSENT.

En mémoire des vertus et des mérites de Rose, les habitants de Lima conservaient avec un religieux respect ses images dans leurs demeures, et cette pieuse coutume se répandit bientôt dans tout le royaume du Pérou.

Marie de Vera, veuve d'Aloysi Magnez, était atteinte de maux d'estomac auxquels se joignaient des vomissements et la fièvre. Ce triste état la conduisit aux portes du tombeau. Condamnée par les médecins, elle reçut les derniers sacrements, puis elle demanda à la nommée Marianne qui avait été élevée avec notre sainte, et qui possédait l'une de ses images de la lui prêter. Elle la baisa avec confiance, et sentit aussitôt un calme rafraîchissant se répandre dans toute sa personne ; elle s'endormit et recouvra à son réveil une parfaite santé.

Un fait surprenant est rapporté à ce sujet :

La même Marie de Vera, voulant rendre grâce à sa bienfaitrice, et aussi s'unir à l'allégresse générale que produisait ce jour-là dans la ville la lecture publique des lettres apostoliques reçues par l'église métropolitaine, Marie de Vera donc, dressant un petit autel, y exposa l'image de Rose entourée de lumières. Cet hommage plut sans doute au Seigneur, car la pâleur de la mort avec laquelle notre sainte y était représentée disparut tout à coup pour faire place au vif éclat de la santé.

Le même jour, Pétronille de Quinzano, qui habitait la maison du capitaine Alvari de Lugarès, ayant orné aussi une image de Rose pour exprimer la part qu'elle prenait à la joie universelle, un prodige semblable au précédent se fit remarquer en présence de plusieurs personnes.

Marie de Los Régès avait une plaie à la tête, que les médecins désespéraient de guérir. Sa mère la conduisit à l'église Saint-Dominique, où après avoir longtemps prié devant l'une de ces images, elle la posa pieusement sur la tête de la malade, qui à l'instant même fut guérie.

Jérôme de Soto Alvarado avait recueilli une petite orpheline atteinte de l'horrible maladie de la lèpre. Cette malheureuse enfant ayant été condamnée par la médecine, la servante de Jérôme, nommée Bernarde, résolut d'implorer le secours de notre sainte. Elle fit toucher des feuilles de roses à l'une de ses images et en couvrit la petite malade, qui dès le lendemain fut rendue à la santé. Jérôme, transporté de joie, la montra aux juges, et voulut en reconnaissance de ce bienfait, que l'on ajoutât au nom de Marie qu'elle portait, celui de Rose.

Marie de Réquéna était accablée de maux; de vives douleurs d'entrailles, une grande oppression et la tristesse la plus profonde en faisaient un objet digne de compassion. Après avoir recouru en vain aux secours de l'art, elle s'adressa à notre sainte dont elle baisa avec confiance l'image, et revint aussitôt à la santé.

Angèle de Faro, religieuse au couvent de Sainte-Catherine, fut guérie de la même façon de douleurs à l'estomac que rien ne pouvait calmer.

Une esclave nommée Françoise souffrait des douleurs semblables. Sa maîtresse lui apporta une image de Rose qu'elle l'engagea à poser sur son cœur en invoquant le secours de la bienheureuse. Peu d'instants après Françoise s'endormit, et à son réveil elle fut rendue à une parfaite santé.

La même guérison fut accordée à Sébastienne de Vega, et son mari, avocat au tribunal royal, déclara le fait aux juges.

Une jeune négresse nommée Marie, qui était servante chez Diego Réquéna, fut frappée d'apoplexie. Abandonnée des médecins, déjà elle n'avait plus de connaissance, lorsque sa maîtresse posant sur elle une image de Rose, lui obtint par ce moyen salutaire un retour complet et instantané à la santé.

Quelque temps après Réquéna, son maître, fut guéri à son tour d'un mal de jambe, de la même façon.

En l'année 1630, un prêtre espagnol, nommé François Gutièrcs Magan, souffrait cruellement d'une goutte sciatique. Se voyant condamné, il reçut les derniers sacrements, puis il demanda que l'on suspendit à son lit une image de la bienheureuse à laquelle il adressa la prière suivante : « Vierge sainte « et glorieuse, qui avez tant de pouvoir auprès de « Dieu, en présence duquel vous jouissez sans mélange « des éternelles félicités, tournez vos regards vers « moi ; souvenez-vous que j'ai guidé la conscience de « votre mère, et que j'ai coopéré à son entrée au mo- « nastère de Sainte-Catherine. O Rose bénie ! deman- « dez à notre divin Sauveur qu'il oublie toutes mes « fautes, et me rende et la force et la santé. » Après avoir prononcé ces paroles, le malade toucha l'image de notre sainte, et merveilleusement secouru par elle, il s'endormit paisiblement et obtint en s'éveillant la guérison qu'il avait implorée par son entremise.

Le même écclésiastique avait tenu sur les fonts de baptême Louis Cortez ; cet enfant tomba gravement malade et fut bientôt en danger de mort.

François Gutières posa sur lui une image de Rose, en le recommandant à sa protection. Louis fit un effort suprême pour répéter les paroles que son parrain adressait à la bienheureuse à son intention. Après un sommeil de quelques instants, il demanda à baiser la sainte image, et aussitôt il fut guéri.

Catherine de Véra éprouvait depuis vingt jours des douleurs de tête intolérables, et tout faisait craindre pour sa vie. Après s'être préparée à paraître devant Dieu, elle demanda à son confesseur une image qu'i possédait de notre sainte. Elle la baisa avec respect et la posa sur sa tête; elle s'endormit profondément, et à son réveil ses maux avaient disparu.

Marie Torrès fut guérie d'un mal semblable par le même moyen.

Anna de Herréra, qui jusqu'alors s'était montrée presque incrédule, à l'égard des miracles opérés à à l'intercession de Rose, devint plus tard l'une de ses plus ardentes admiratrices.

A la suite d'une vision dans laquelle notre sainte lui apparut prosternée devant Dieu, et intercédant en faveur de la ville de Lima renversée par un tremblement de terre, Anna, disons-nous, sentit son cœur subitement changé. Quelque temps après, elle fut elle-même réduite au plus déplorable état par un écoulement d'humeur à la tête; posant alors une image de Rose sur son front, elle en éprouva l'efficacité et fut délivrée entièrement de son mal.

Les fièvres les plus intenses cédaient au contact des images de la sainte, et aussi promptement que la cire fond devant le feu. Marie de Rocca, fille d'un docteur en médecine, était depuis longtemps minée par ce mal. On remarquait en outre sur sa personne des taches livides qui faisaient présager une mort prochaine.

Dans cette situation désespérée, on lui fit toucher la sainte image, et la santé lui fut rendue.

Jean Figuéroa, de l'ordre de Saint-Dominique, était depuis longtemps atteint d'une fièvre qui résistait à tous les efforts des médecins ; ceux-ci le considéraient comme perdu; il se prépara à paraître devant Dieu. Ainsi qu'il est d'usage dans l'ordre, les Frères entouraient le lit du mourant pour recevoir son dernier soupir, lorsque l'un d'eux apporta au malheureux Jean une image de Rose. Le malade tournant un regard plein de confiance vers elle, la posa sur sa tête, et sentit renaître ses forces. Puis après avoir pris une cuillerée de bouillon dans laquelle on avait mis quelques grains de la terre du tombeau de notre sainte, la plus parfaite santé lui fut rendue.

Marie d'Aspicia, femme d'Alphonse Ita, administrateur temporel du monastère de Sainte-Catherine de Sienne, recouvra la santé par le même moyen, ainsi que Philippe Agidius, et Jean de Quisado.

Peu après son entrée au monastère de Sainte-Catherine de Siennne, la mère de Rose tomba gravement malade. Un érésipèle et des ulcères dans la bouche accompagnés de fièvre la rendaient depuis huit mois une véritable martyre. La prieure du couvent, inquiète du danger qui menaçait les jours de Marie de Oliva qu'elle aimait tendrement, lui demanda si elle voulait qu'on lui apportât une image de Rose. Elle accepta avec confiance et la posa sur sa tête. Les religieuses se retirèrent un instant, et lorsqu'elles revinrent, elles trouvèrent la malade endormie et baignée de sueur. Le lendemain la plus parfaite santé lui était rendue, et comme elle se rendait à la chapelle pour y entendre la sainte messe, elle rencontra la prieure joyeuse d'un si heureux changement, et lui dit: Après avoir baisé plusieurs fois l'image de Rose, je sentis naître en moi un calme rafraîchissant, puis je m'endormis, et à mon réveil j'étais en transpiration, mais tous mes maux avaient disparu.

Nous ne terminerons pas l'historique des miracles de notre sainte sans citer d'une manière toute particulière les quatre miracles constatés canoniquement par la sacrée congrégation des Rites pour la béatification et dont l'authenticité se trouve par là élevée au plus haut degré de certitude.

MIRACLES AUTHENTIQUEMENT RECONNUS LORS DE LA BÉATIFICATION DE SAINTE ROSE.

Jean Zébilli fut sauvé miraculeusement d'une mort imminente : Depuis quatre mois il souffrait d'une fièvre tierce. La gorge et l'un des poumons étaient ulcérés. Il vomissait abondamment du sang livide. Bientôt cette fièvre tierce dont il était dévoré se transforma en fièvre putride et maligne. Déjà il avait reçu les derniers sacrements ; il était à l'agonie, le pouls avait cessé de battre, trois médecins s'étaient accordés à déclarer qu'il n'avait plus que le dernier souffle. Ayant entendu parler de la nouvelle bienheureuse, Jean implora son secours, puis avala dans une cuillerée d'eau quelques grains de la poussière de son tombeau, et sur-le-champ il revint à un état de santé parfaite.

Autre miracle opéré au même lieu sur Candide Rozetta, épouse du gonfalonier Louis de Carvayal. Elle était sur le point d'accoucher d'un enfant mort dans son sein. Durant trois jours elle lutta péniblement dans les plus grandes angoisses, et on désespérait de la sauver; son visage était tout noir et d'un horrible aspect, lorsqu'une image de la nouvelle bienheureuse appliquée sur la malade produisit une guérison instantanée. Aussitôt elle quitta son lit, se trouvant soulagée et même vigoureuse, et elle se remit aux occupations de son ménage.

Le père Séraphin Paglisi, incessamment dévoré par une fièvre maligne, se trouvait au dix-septième jour de sa maladie; les médecins n'espéraient plus rien de son état et avaient déclaré qu'il n'avaient plus que quelques heures à vivre. Privé de l'usage de la parole et de la vue il était à l'agonie, lorsqu'il se recommanda de tout son cœur à la bienheureuse; celle-ci lui apparut et sur-le-champ le malade revint à la santé et recouvra toutes ses forces à la grande stupéfaction de tout le monde.

Angèle Gibaïa souffrait depuis vingt-sept jours d'une fièvre maligne très-ardente, et aussi de violentes douleurs de tête et d'estomac. Abandonnée de la médecine, elle était entrée depuis six heures en agonie, lorsqu'à la suggestion de sa mère, elle implora sainte Rose; puis se fit répandre au cou, à l'estomac et à la poitrine quelques gouttes de l'huile sainte qui brûlait à son autel. Au même instant, Angèle fut rendue à un état de pleine et vigoureuse santé.

La bulle de canonisation de sainte Rose contient plus de treize volumes in-folio, divisés en 69 articles. Elle est magnifique de style et de pensée.

Sainte Rose fut béatifiée le 12 février 1668 par le pape Clément IX, et canonisée le 22 avril 1671 par le pape Clément X.

Qu'il nous soit permis en terminant d'emprunter les paroles de saint Bernard et de les adresser à Marie de Oliva et à sa sainte fille :

« O vous, qui avez donné la vie à cette admirable sainte dont nous avons essayé de tracer les vertus, et qui en répandant un doux parfum brille par ses bienfaits et éclaire par ses miracles, faites-nous participer aux lumières et aux douceurs dont vous jouissez.

« O Rose odoriférante et fleurissant éternellement devant Dieu, dont le nom est en bénédiction sur la terre et en honneur dans le ciel, recevez nos justes louanges, et qu'instruits par vos exemples et fortifiés par vos miracles, nous puissions parvenir un jour malgré notre faiblesse à ce bonheur sans fin qui couronne et vos sacrifices et vos vertus. »

O Rose mille fois bénie, du séjour de gloire que vous habitez, n'oubliez pas celle dont la main a tant de fois tracé votre nom, et qui avec confiance implore votre secours.

IN TE DOMINE SPERAVI !!!

TABLE DES MATIÈRES

	Pages.
Préface.	1
Notice biographique sur le père Hansen.	8
Chapitre Ier. — Naissance et enfance de Rose.	11
Chapitre II. — Caractère de Rose, elle fait vœu de virginité.	14
Chapitre III. — Amour, obéissance et soins de Rose pour ses parents.	17
Chapitre IV. — Rose, pressée de suivre l'exemple de sainte Catherine de Sienne, entre dans le tiers-ordre des Dominicaines.	25
Chapitre V. — Rose pratique toutes les vertus basées sur les fondements de l'humilité.	33
Chapitre VI. — Abstinences et jeûnes rigoureux de Rose.	39
Chapitre VII. — Disciplines, chaînes et cilice de Rose.	46
Chapitre VIII. — Couronne de pénitence de Rose.	54
Chapitre IX. — Macérations et veilles saintes de Rose.	59
Chapitre X. — Amour de Rose pour la solitude, son éloignement du monde, son étroite cellule.	65
Chapitre XI. — Fiançailles spirituelles de Rose avec N.-S. Jésus-Christ, sous la protection de l'auguste reine des anges.	74
Chapitre XII. — Par son application continuelle à l'oraison, Rose parvient à la plus merveilleuse union avec Dieu.	81
Chapitre XIII. — Rose est cruellement troublée par des visions et ressent toutes les horreurs de l'enfer.	87
Chapitre XIV. — Rose est soumise à l'examen des docteurs.	92
Chapitre XV. — Rose reçoit plusieurs faveurs de N.-S. Jésus-Christ et de sa Sainte Mère.	102
Chapitre XVI. — Rose triomphe du démon et son ange gardien lui obtient des lumières extraordinaires.	107
Chapitre XVII. — Chagrins, persécutions et maladies de Rose, qu'elle supporte avec la patience la plus admirable.	111
Chapitre XVIII. — Le progrès de l'amour de Rose envers N.-S. Jésus-Christ se fait remarquer par des signes extérieurs.	119

Chapitre XIX. — Miracle extraordinaire du tableau baigné de sueur. 126
Chapitre XX. — Rose est instruite et consolée devant l'image de la mère de Dieu dans la chapelle du Rosaire. 132
Chapitre XXI. — Dévotion de Rose pour le crucifix, ornementation de la statue de sainte Catherine de Sienne. 138
Chapitre XXII. — Dévotion de Rose envers le saint Sacrement de l'Eucharistie. 145
Chapitre XXIII. — Zèle ardent de Rose pour le salut des âmes. 156
Chapitre XXIV. — Zèle de Rose à secourir le prochain. 164
Chapitre XXV. — Grande confiance de Rose en Dieu. 171
Chapitre XXVI. — Etablissement du monastère de sainte Catherine de Sienne à Lima, que Dieu révèle à Rose longtemps auparavant. . . . 179
Chapitre XXVII. — Le Seigneur révèle à Rose plusieurs choses cachées. 189
Chapitre XXVIII. — Rose accepte avec courage sa dernière maladie et sa mort. 200
Chapitre XXIX. — Mort précieuse de Rose. . . 210
Chapitre XXX. — Funérailles de Rose. . . . 220
Chapitre XXXI. — Translation solennelle du corps de Rose. 227
Chapitre XXXII. — Eloges de Rose après sa mort. 223

RECUEIL DES PRINCIPAUX MIRACLES.

Chapitre Ier. — Miracles par lesquels Dieu daigne manifester la gloire de Rose après sa mort. . 241
Chapitre II. — Nombreux pécheurs convertis par l'intercession de Rose. 244
Chapitre III. — Par l'intercession de Rose plusieurs morts ressuscitent et un grand nombre de malades sont guéris. 250
Chapitre IV. — Grand nombre de guérisons miraculeuses opérées par les vêtements de Rose. . 261
Chapitre V. — La terre recueillie sur le tombeau de Rose produit un grand nombre de guérisons miraculeuses. 267
Chapitre VI. — Par le contact des images de Rose une multitude de maux disparaissent. . . 274
Miracles authentiquement reconnus lors de la béatification de sainte Rose. 280

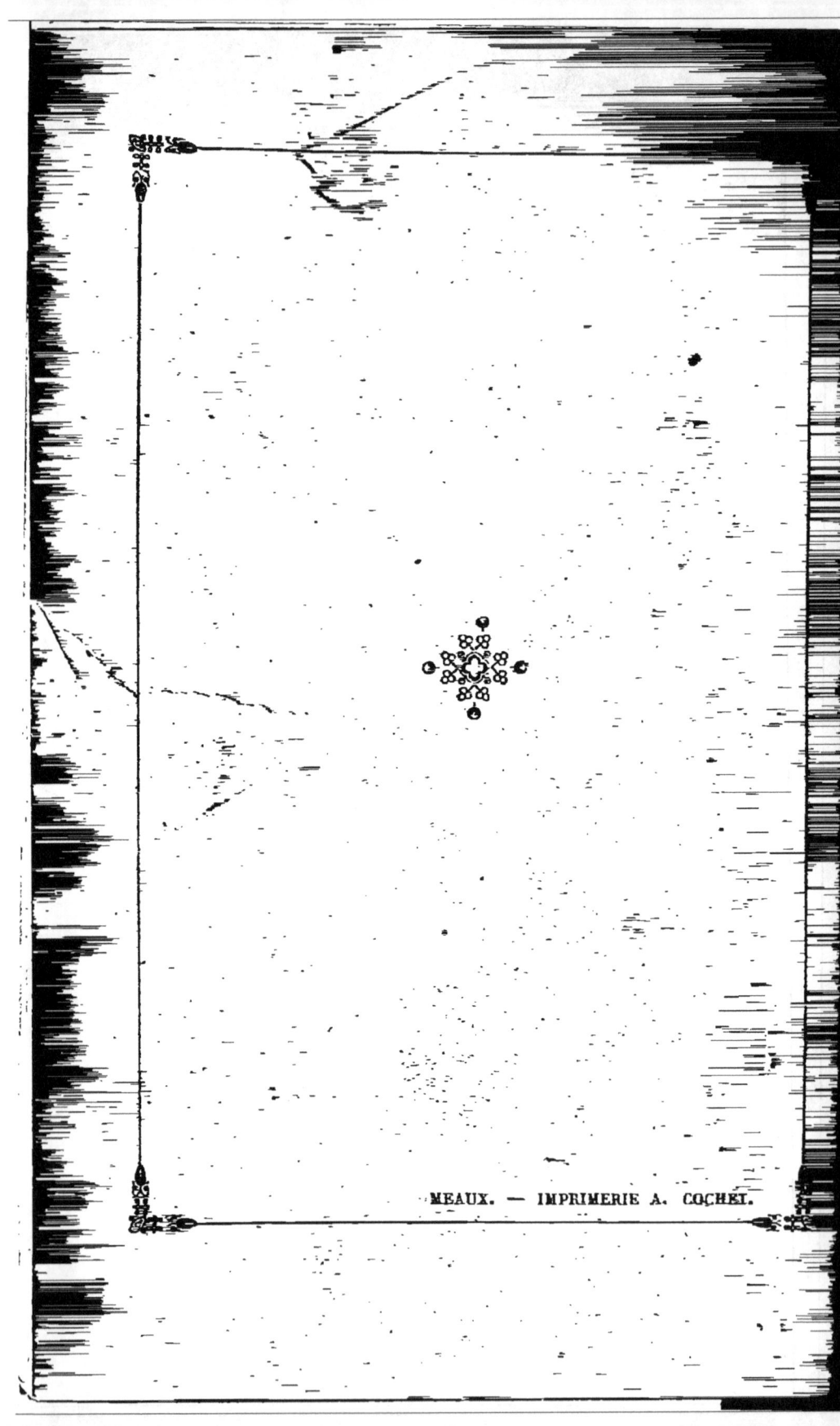

MEAUX. — IMPRIMERIE A. COCHET.

www.ingramcontent.com/pod-product-compliance
Lightning Source LLC
Chambersburg PA
CBHW071504160426
43196CB00010B/1410